어린이를 위한
백제
왕조실록

어린이를 위한
백제 왕조실록
2006년 1월 16일 초판 1쇄 발행 | 2009년 10월 20일 초판 3쇄 발행

엮은이 이상각 | **그린이** 픽처뱅크 | **펴낸이** 장진혁 | **펴낸곳** 홍진P&M
주소 경기도 파주시 교하읍 문발리 파주출판단지 526-4 | **전화** (02) 739-8540, (031) 955-2361
팩스 (02) 736-7134 | **등록** 제406-2007-00001. 2007.1.4 | **홈페이지** www.hjpub.co.kr
공급 형설출판사

ISBN 978-89-5697-733-1 74900
ISBN 978-89-5697-732-4 (세트)

ⓒ 홍진P&M 2009 Printed in Korea

※잘못된 책은 서점에서 바꾸어 드립니다.
  이 책의 내용을 쓰고자 할 때는, 저작권자와 출판사의 허락을 받아야 합니다.

정가 8,000원

어린이를위한

백제
왕조실록

엮음 이상각 | 그림 픽처뱅크

Children's books

뛰어난 예술의 나라 백제!
부여를 아버지로 삼았던 백제의 건국과 발전, 그리고
비장했던 최후의 순간을 함께 살펴보기로 해요.

■ 들어가는 말

칠지도의 고향 '백제'를 아시나요?

　어린이 여러분들은 '백제' 하면 무엇이 떠오르나요? 계백 장군의 황산벌 싸움인가요? 아니면 마지막 임금이었던 의자왕이나 삼천 궁녀가 꽃처럼 떨어졌다는 슬픈 낙화암의 전설인가요?

　그렇지만 여러분들이 백제 최고의 예술작품인 '금동대향로'를 보게 된다면 그런 안타까움보다는 감탄사가 저절로 나오게 될 거예요. 또 선화 공주님이 나오는 '서동설화'의 주인공이 백제의 무왕이고, 백제가 상국으로서 신비한 칼 '칠지도'를 만들어 왜국(일본)에 하사했다는 이야기를 접하면 자부심을 가지게 될 거예요.

　백제는 온조가 나라를 세운 이래 착실히 국력을 키웠습니다. 그래서 5세기 말에서 6세기 초에 고구려의 광개토대왕이나 신라의 진흥왕 못지않은 근초고왕이나 동성왕, 성왕 등 여러 현명한 임금들이 등장해서 동아시아를 호령했어요.

　여태까지 우리들은 백제가 아주 작은 나라라고 알고 있었어요. 하지만 최근 학자들의 연구에 의하면 백제는 일본은 물론, 중국과 동남아시아 땅까지 경영했던 해양대국이었음이 밝혀지고 있답니다. 특히 백제는 '담로'라는 독특한 제도로 여러 식민지를 거느리면서 황해를 중심으로 활발하게 무역활동을 했던 큰 나라였어요.

　부여박물관이나 공주박물관 등에 전시되어 있는 유물을 보면, 당시 백제인들이 얼마나 멋지게 생활했었는지를 생생하게 알 수 있어요. 훗날 비록 나라는 사라졌어도 백제인들의 뛰어난 예술혼은 초기 석촌동 유물에서부터 고려 시대의 청자에 이르기까지 시대와 지역을 초월해서 아름답게 반짝이고 있답니다.

  어린이 여러분, 이제 우리 그 옛날 고구려와 마찬가지로 부여를 아버지로 삼았던 백제의 건국과 발전, 그리고 비장했던 최후의 순간을 함께 살펴보기로 해요.

백제의 시작과 끝

　백제가 세워진 이야기는 두 가지가 있어요. 바로 어머니 소서노와 함께 고구려를 빠져 나온 비류와 온조의 이야기이지요.

　비류와 온조는 부여왕 해부루의 손자인 우태와 소서노 사이에서 태어났습니다. 우태가 일찍 세상을 떠나자, 소서노는 동부여를 탈출해 졸본부여에 이른 주몽과 다시 결혼한 다음, 고구려를 세우는 데 커다란 힘을 보태 주었어요. 하지만 주몽이 기대와 달리 유리 왕자를 태자로 삼자, 소서노는 실망한 나머지 두 아들과 수많은 부여 사람들을 이끌고 남쪽으로 내려가 새 나라를 세우기로 했어요.

　그런데 비류와 온조가 새로운 나라를 세울 장소를 정하면서 의견이 서로 엇갈렸어요. 그래서 비류는 지금의 인천 지역인 미추홀에 터전을 잡았고, 온조는 지금의 한강 북쪽에 있는 하북 위례성에 '십제'라는 나라를 세웠지요.

　이때 소서노는 비류 세력과 온조 세력을 합치려다 불의의 죽음을 당했어요. 또 얼마 지나지 않아 비류 또한 세상을 떠났어요. 그러자 비류를 따르던 사람들은 온조가 다스리던 십제로 모두 귀순해 왔어요. 그리하여 온조는 현재의 몽촌토성 혹은 풍납토성으로 추측되는 하남 위례성으로 도읍을 옮기고, 나라 이름을 '백제'로 바꾸었습니다. 오늘날 서울의 강동구나 송파구 지역이 백제의 첫 도읍지였던 것이지요.

한성 시대

한성에 자리잡은 비류 세력과 온조 세력은 백제의 주도권을 놓고 오랫동안 경쟁을 벌이게 되었어요. 그리하여 처음에는 비류계의 해씨 세력이 승리했지만, 초고왕 대에 이르면 온조계의 부여씨가 승리하여 왕위를 계속 차지하게 되지요.

8대 임금 고이왕 대에 이르러 백제의 국토는 크게 넓혀졌어요. 북으로는 예성강, 동으로는 춘천, 남으로는 안성과 성환, 서로는 서해에 맞닿았으니까요. 이때부터 백제는 한강 유역의 새로운 주인으로 호령할 수 있었어요. 그리하여 마한 지역의 작은 나라에 불과했던 백제는 당시 강성했던 목지국을 압도하는 상황으로 바뀌게 되었지요.

이후 백제는 한강 유역에서 활개치고 있던 중국의 군현과 경쟁하는 관계가 되었어요. 특히 247년 고이왕 때 중국 군현에게 마한이 패배하자, 쇠약해진 목지국을 복속시켜 한반도 서남부의 최강자로 군림하게 되었지요.

이런 바탕 위에서 고이왕은 왕권을 강화하고, 좌장을 설치하여 군사력을 장악하는 한편, 좌평이란 벼슬을 만들어 귀족회의를 주관하게 만들었어요. 이때부터 백제의 왕은 단순한 부족연맹의 대표가 아니라 진정한 국가의 주인으로서 대접받게 되었답니다. 이렇게 고대 국가의 체제를 갖춘 고이왕은 금령을 선포하고 솔계와 덕계 관등을 만들어 16관등제의 토대를 마련하는 등 많은 업적을 쌓았어요.

　원래 방계 왕족 출신이었던 고이왕은 직계 왕족 출신이었던 사반왕을 물리치고 왕위에 올랐어요. 그 뒤 백제의 왕권은 몇 차례 직계와 방계 사이를 오가다가, 13대 임금 근초고왕 대에 이르러서야 직계 왕족의 왕위계승권이 확립되었습니다. 그 후 근초고왕은 백제의 귀족 가운데 제일 강한 세력을 자랑하던 진씨 가문의 여자를 왕비로 맞이하면서 왕권을 더욱 튼튼하게 다졌답니다.

　근초고왕은 또 지방을 다스리기 위한 조직으로 담로제도를 실시했어요. 최근 조사 결과, 이 제도는 일종의 지방통치체제로 한반도는 물론 중국과 일본, 동남아시아에까지 퍼져 있던 것으로 밝혀지고 있지요.

　이렇듯 나라의 기강을 바로잡은 다음, 근초고왕과 그의 아들 근구수왕은 활발하게 영토를 넓혀 나가기 시작했어요. 그리하여 남쪽으로는 마한의 작은 나라들을 정복하여 영산강 유역까지 세력을 확대했고, 동남쪽으로는 가야 세력까지 영향권 안에 넣었지요. 또 북쪽으로는 고구려와 싸우면서 평양성 전투에서 고국원왕을 전사시키며 황해도 신계 지역까지 진출했답니다.

　근초고왕은 해상무역에도 힘을 기울여 백제를 해상강국으로 만들었어요. 중국 요서 지방에 백제군을 설치했고, 일본에도 진출해 중국과 한반도, 그리고 일본을 잇는 고대 무역로를 만드는 데 성공했어요.

이렇듯 백제가 비약적으로 발전하자, 자신감을 얻은 근초고왕은 박사 고흥에게 역사책인 《서기》를 편찬하게 했어요. 자랑스런 백제의 역사를 널리 알림으로써 왕실의 권위와 정통성을 확립하려는 생각이었지요.

15대 임금 침류왕 대에 이르자, 백제는 불교를 받아들여 고대 국가의 지도이념으로 삼았어요. 종교가 통일되면 백성들의 마음도 하나가 될 수 있으니까요. 하지만 침류왕이 죽은 뒤, 백제의 지배층은 심한 분열을 일으켰어요. 아신왕과 진사왕의 즉위를 둘러싸고 해씨와 진씨 세력이 다툼을 벌이기 시작했기 때문이지요. 처음에는 진사왕이 조카 아신의 왕위를 빼앗았다가, 거꾸로 아신에게 쫓겨나는 등 내부의 갈등으로 인해 백제의 국력은 매우 약해져 버렸답니다.

이때 고구려의 정복 군주 광개토대왕의 공격을 받은 아신왕은 58개의 성과 7백여 개의 마을을 빼앗기고 항복하는 수치를 당했어요.

아신왕이 죽은 뒤, 전지왕이 왕위에 오르는 과정에서 해씨와 진씨 세력이 또 다시 맞붙었다가 전지왕을 지지한 해씨 세력이 승리하게 되었어요. 이후 백제의 왕비족이 진씨에서 해씨로 바뀌게 되었으며, 해씨 세력은 상좌평을 설치하는 등 실권을 쥐고 나라를 다스렸답니다.

21대 임금 개로왕은 귀족들에게 빼앗긴 왕권을 되찾으려는 생각으로 궁궐을 다시

짓고, 부왕의 능을 고치는 한편, 고구려의 침공에 대비해 북위에 군사원조를 요청하기도 했습니다. 비록 고구려의 간첩 도림의 공작이 있었지만 개로왕은 나름대로의 계산이 있었던 것이지요. 하지만 이런 그의 노력은 고구려 장수왕의 거센 공격으로 한성이 함락됨으로써 물거품이 되고 말았답니다.

웅진 시대

고구려군이 침공해 오자, 문주 왕자는 급히 신라로 가서 1만 명의 구원병을 데리고 한성으로 돌아왔어요. 하지만 이미 때는 늦어 고구려군에게 개로왕이 살해당하고 한성이 함락된 뒤였어요. 문주는 서둘러 즉위한 다음 도읍을 웅진으로 옮기고, 백제를 재건하기 위해 온 힘을 쏟았어요.

하지만 한성에서 웅진으로 내려간 귀족들은 권력다툼으로 내정을 불안하게 했습니다. 그런 가운데 병관좌평 해구가 문주왕을 살해하고 권력을 쥐었지요. 그 뒤를 이어 즉위한 삼근왕도 3년을 버티지 못하는 등 왕권이 매우 흔들리고 있었어요. 이런 내부의 혼란은 밖으로도 이어졌지요. 황해의 주도권은 고구려 수군에게 빼앗기게 되었고, 절친했던 가야 세력마저 등을 돌리는 등 백제는 외교적으로 고립되고 있었답니다.

24대 임금 동성왕은 이런 위기를 타개하기 위해 매우 애를 썼어요. 그는 즉위하자마자 신라와 동맹을 맺고, 언제 있을지 모르는 고구려의 공격에 대비했어요. 한편 사씨·연씨·백씨 등 새로운 지방 세력들을 중앙 정치 무대에 끌어들임으로써 귀족들의 독주를 막았어요. 또 중국의 남제와 외교 관계를 맺는 등 백제를 중흥시키기 위해 열성을 기울였어요. 하지만 여전히 귀족들의 반발이 심해져서, 결국 동성왕은 가림성주로 파견했던 위사좌평 백가의 자객에게 살해당하고 말았답니다.

  25대 무령왕은 왕위에 오르자마자, 아버지의 원수인 백가를 제압한 다음, 왕권 강화에 힘썼어요. 그는 고구려의 남하를 막아 내는 한편, 중국의 양나라와 친하게 지내 '영동대장군'이라는 작호를 받는 등 국제적으로 백제의 이름을 떨쳤지요. 그리하여 무령왕 대의 백제는 다시 강력해져 동아시아를 호령할 수 있었답니다.

사비 시대

  동성왕과 무령왕이 이룩한 백제의 번영은 성왕의 사비 천도로 이어졌어요. 사비는 지금의 부여예요. 26대 임금 성왕은 즉위하자마자 왕권을 강화하고, 한강 유역을 되찾기 위해 좁은 웅진 땅을 떠나 넓은 사비 땅으로 도읍을 옮긴 것이지요.

  이런 결단에는 과감하고 영민했던 성왕과 당시 백제의 새로운 지배 세력으로 등

장한 사씨 가문의 전폭적인 지지가 있었기에 가능한 일이었어요. 사비성에 자리잡은 성왕은 민족의식을 고취시킬 목적으로 국호를 '남부여'로 정했어요. 이는 잃어버린 한강 유역의 땅을 되찾겠다는 의지가 담긴 일이었지요.

그는 또 중국 남조에 사신을 보내 발전된 문물을 받아들이고, 그 성과를 일본에 전했어요. 또 16관등제와 22부제 등 중앙의 관제를 정비함은 물론, 지방 통치력도 함께 강화해 나갔답니다. 이런 제도의 개혁으로 인해 왕권은 더욱 강화되었지요.

이윽고 성왕은 한강 유역을 되찾기 위해 신라, 가야와 연합하여 고구려를 공격하기 시작했어요. 당시 고구려는 돌궐족의 위협과 함께 내분이 심해져서 백제와 신라의 공격을 막아 낼 수 없었어요. 때문에 백제는 한강 하류 지역을, 신라는 한강 상류 지역을 손쉽게 되찾을 수 있었답니다.

그런데 은밀히 고구려와 내통한 신라의 군대가 갑자기 동맹국인 백제를 공격하여 한강 하류 지역을 빼앗아 가 버렸어요. 오랜 나제동맹이 깨지는 순간이었지요. 신라의 배신 행위에 격분한 성왕은 즉시 보복 공격에 나섰어요. 하지만 백제는 관산성 전투에서 대패하고 성왕까지 전사하고 말았답니다. 그로 인해 백제의 왕권은 약화되었고, 귀족들이 다시 힘을 얻게 되었지요.

30대 임금 무왕은 귀족들의 정략적인 타협으로 왕위에 올랐지만, 매우 지혜로운 인물이었어요. 그는 신라를 끊임없이 공격하여 땅을 넓히고, 그 힘으로 귀족들의 세력을 약화시켰지요. 그런 다음 익산으로 도읍을 옮기기 위해, 익산에 궁궐을 짓고 미륵사도 창건했어요. 하지만 무왕이 갑자기 세상을 떠남으로써, 이 계획은 물거품이 되고 말았답니다.

백제의 멸망

아버지 무왕의 뒤를 이어 즉위한 31대 임금 의자왕은 '해동증자'라고 불릴 만큼 효성이 지극하고 뛰어난 인물이었어요. 그는 무왕이 못다 이룬 왕권 강화를 위해 단호한 조처를 취했어요. 즉위 이듬해에 스스로 정변을 일으켜서 중앙의 유력한 귀족 40여 명을 쫓아 버린 것이지요.

의자왕은 또 고구려와 외교 관계를 맺고, 아버지의 원수인 신라를 공격해 대야성 등 40여 개의 성을 빼앗았어요. 그렇지만 거듭된 승리는 의자왕을 방심하게 했어요. 궁지에 빠진 신라가 바다 건너 당나라의 힘을 빌려 올 것이라는 걸 눈치채지 못한 것이지요.

이때 신라의 김춘추는 고구려에 도움을 요청했다가 거절당하자, 당나라와 손을 잡았어요. 그 결과 660년에, 백제는 나당 연합군의 대대적인 공격을 받게 되었어요.

    초기 대응에 실패한 백제는 전략적 요충지인 기벌포를 당나라 군대에게 넘겨 주었고, 신라의 백제 침공로인 탄현마저 방어하지 못했어요. 이런 상황에서 계백 장군이 거느린 5천 명의 결사대는 황산벌에서 분투하다가 전멸당하고 말았지요.

    이윽고 소정방과 김유신이 이끈 나당 연합군은 사비성을 포위하고 세찬 공격을 퍼부었어요. 의자왕은 황급히 웅진성으로 몸을 피했지만, 왕자 태가 지키던 사비성이 함락되자 더 이상 견디지 못하고 당나라에게 항복하고 말았어요. 그리하여 찬란했던 문화제국 백제는 678년 만에 멸망하고 말았답니다.

어린이를 위한
백제왕조실록

한성 시대

비류와 온조,
새 나라를 열다

백제의 역사를 활짝 펼친 온조왕 _20
(재위 : 기원전 18~기원전 28년)

온조의 진정한 후계자 초고왕 _38
(재위 : 166~214년)

나라의 기틀을 갖춘 고이왕 _46
(재위 : 234~286년)

백제의 천하를 호령했던 근초고왕 _54
(재위 : 346~375년)

불교를 공인한 침류왕 _64
(재위 : 384~385년)

왜국의 볼모였던 전지왕 _70
(재위 : 405~420년)

도림에게 속아 나라를 망친 개로왕 _80
(재위 : 455~475년)

차례

웅진 시대
동아시아의 문화대국으로 거듭나다

웅진으로 도읍을 옮긴 문주왕 _92
(재위 : 475~477년)

백제의 영광을 꿈꾸었던 동성왕 _100
(재위 : 479~501년)

엄청난 보물과 함께 잠든 무령왕 _108
(재위 : 501~523년)

사비 시대
찬란하게 빛나던 백제, 저물다

백제의 영광과 함께 스러져간 성왕 _116
(재위 : 523~554년)

태평성대를 이끈 무왕 _124
(재위 : 600~641년)

영광과 굴욕을 함께 했던 의자왕 _132
(재위 : 641~660년)

한성 시대

비류와 온조, 새 나라를 열다

주몽이 부여를 빠져 나와 고구려를 건국했듯이, 비류와 온조 역시 고구려를 떠나 한강 유역에 새 나라를 건국했어요. 형제간의 경쟁 시대를 거쳐 하남 위례성에서 '백제'라는 이름으로 거듭난 새 나라는 차츰 세력을 넓혀, 마한 지역을 병합하고 동아시아의 강국이 되었지요. 고이왕 때 고대 국가 체제를 갖춘 백제는 근초고왕 때에 이르러 최고의 전성기를 맞이했어요. 그리하여 백제는 황해를 중심으로 일본, 중국을 아우르는 거대한 해양강국의 면모를 자랑하게 되었답니다.

백제의 역사를 활짝 펼친 온조왕
(재위 : 기원전 18~기원전 28년)

　백제의 건국에는 고구려의 시조인 주몽의 역할을 빼놓을 수 없답니다. 일찍이 주몽이 동부여에 머물고 있을 때 주몽에게는 '예씨'라는 부인이 있었어요. 그런데 주몽이 부여를 빠져 나와 졸본부여에 들어가자, 그의 비범함을 알아본 졸본부여의 왕 연타발이 자신의 둘째 딸인 소서노를 아내로 삼도록 했습니다.
　소서노는 예전에 해부루의 손자인 우태와 결혼해서 비류와 온조, 두 아들을 낳았지만 우태가 일찍 죽었으므로 혼자 몸이었어요. 당시 졸본부여의 힘이 절대적으로 필요했던 주몽은 소서노와 결혼하여 세력을 넓혔지요. 그 후 주몽은 자신을 따르는 무리들과 졸본부여 사람들의 힘을 한데 모아 고구려를 세웠습니다. 그러니까 소서노의 도움이 없었다면 고구려는 세워지기 힘들었을 거예요. 주몽은 그 은혜를 잊지 않고 비류와 온조를 친아들처럼 아끼고 사랑해 주었답니다.
　때문에 비류와 온조는 자신들이 주몽의 뒤를 이어 고구려의 주인이 될 것이라고 굳게 믿고 있었어요. 그런데 어느 날, 갑자기 부여에서 첫 번째

부인인 예씨와 아들인 유리가 주몽을 찾아왔습니다. 그러자 주몽은 즉시 유리를 태자로 삼아 왕위를 계승하도록 했어요.

이것은 고구려 내부에서 권력을 다투던 졸본부여 세력이 주몽을 따르던 동부여 유민 세력에게 패배했다는 뜻이에요. 이렇게 되자, 비류와 온조는 언제 유리왕에게 해를 입을지 몰라 전전긍긍해야 하는 처지가 되었어요. 그렇게 불안해하던 어느 날, 비류가 온조에게 말했어요.

"대왕께서 부여를 빠져 나와 졸본 땅에 머물렀을 때 어머니와 외할아버지께서 힘을 모아 도왔고, 나라를 세우는 데도 정성을 기울였는데, 이제 와서 어머니와 우리를 외면하니 분하기 짝이 없다. 차라리 여기를 떠나 남쪽으로 가서 새 나라를 세우는 게 어떨까?"

그 말을 들은 온조는 깜짝 놀라서 물었어요.

"그것은 쉽게 결정할 수 있는 일이 아닙니다. 어머니와 상의를 해야 되지 않을까요?"

"어머니께서도 내 의견에 찬성하셨다. 우리가 잠시라도 머뭇거리다간 어떤 위험에 처하게 될지 아무도 모르는 일이야."

이런 비류의 의견에 침착한 성품의 온조도 고개를 끄덕였어요. 그래서 두 사람은 어머니와 함께 자신들을 따르는 오간과 마려 등 열 명의 신하들을 이끌고 남쪽으로 떠났어요. 그러자 예전부터 두 왕자를 좋아하던 수많은 백성들이 따라왔습니다.

이윽고 지금의 서울 지역인 한산에 다다르자, 두 사람은 '부아악'이란 산에 올라 살기 좋은 터를 살폈어요. 그 곳의 지세는 북쪽으로 한강을 끼고 동쪽으로는 높은 산이 가로막혀 천혜의 요새지였지요. 더군다나 남쪽에는 기름진 벌판이 펼쳐져 있고 서쪽으로는 바다와 맞닿아 있어 농사짓기에도 좋을 뿐 아니라 배를 타고 무역을 하기에도 안성맞춤이었어요.

"형님, 이 곳이야말로 한 나라의 도읍으로 손색이 없습니다."

온조는 이렇게 말하며 매우 기쁜 표정을 지었어요. 하지만 비류는 다른 생각이었어요. 어머니 소서노는 물론이고 자신들을 따라온 많은 무리들이 대대로 해상 중계무역을 해 왔으므로 육지보다는 바다 쪽에 터전을 잡고 싶었던 것이지요. 그래서 비류는 고개를 저었어요.

"물론 여기도 좋지만 좀더 나은 곳을 찾아보도록 하자."

이렇게 두 왕자의 의견이 어긋나자, 그들을 따르던 무리들의 의견도 둘로 갈라지게 되었어요. 그런데 오간과 마려를 비롯한 신하들과 많은 백성들은 온조의 손을 들어주는 것이었어요. 이에 실망한 비류는, 자신을 따르는 몇몇 측근과 일부 백성들과 함께 지금의 인천 지역인 서쪽의 미추홀에 가서 자리를 잡았답니다.

　온조는 더 이상 형을 설득하지 못하고 하북 위례성에 도읍을 정한 다음, '십제'라는 나라를 세웠어요. 십제는 '열 명의 신하들이 보좌해서 세운 나라'라는 뜻이에요. 온조의 새 나라는 함께 내려온 백성들이 반으로 갈라진 탓에 몹시 궁색했답니다. 이때가 기원전 18년의 일이었어요.

　그 후 십제는 좋은 도읍지를 선택한 탓에 날이 갈수록 부강해졌고, 백성들은 농사도 잘 되어 매우 평화롭게 살 수 있었어요. 그런데 비류 일행이 자리잡은 미추홀은 식수도 부족하고 땅도 물러 건물 하나 제대로 지을 수 없었습니다. 주업인 해상무역을 통하여 세력을 넓혀가기는 했지만, 십제와 같이 백성들이 안심하고 살 수 있는 기반을 갖추지는 못했어요. 때문에 날이 갈수록 백성들은 비류를 원망하기 시작했답니다. 그러자 비류는 고민에 빠지게 되었지요.

숭렬전

경기도 광주시에 있는 숭렬전은 경기도 유형문화재 제2호로 조선 인조 16년(1638)에 건립하여 정조 19년(1795)에 숭렬이라 명하였으며, 백제 시조 온조왕의 위패를 모신 사당이다.

"온조는 백성들을 잘 다스리고 있는데, 나는 믿고 따라온 백성들을 고생만 시키고 있으니 안타깝구나."

그 때쯤 비류를 따라왔던 신하들과 백성들은 십제와 합치기를 간절히 바라고 있었어요. 하지만 비류는 위례성으로 들어갈 수 없었답니다. 이미 십제는 온조의 나라였으니까요. 만일 그가 위례성에 간다면 동생에게 고개를 조아리는 신세가 되지 않겠어요?

고구려에서도 유리 왕자에게 밀려났는데, 새 나라에서 또 동생인 온조에게까지 뒤처졌다고 생각하니 비류의 마음은 견딜 수 없이 처량해졌어요. 이럴 수도 저럴 수도 없는 막다른 골목에 몰렸다고 여긴 비류는 결국 스스로 목숨을 끊고 말았습니다.

그렇듯 허망하게 비류가 세상을 떠나자, 그를 따르던 신하들과 백성들은 모두 십제로 갔어요. 온조는 같은 부족인 그들을 따뜻하게 맞아들였습니다. 그 결과 비류의 세력들은 십제에서도 지배 계층으로 자리잡게 되었어요. 또한 십제가 살기 좋다는 소문을 들은 인근 백성들이 앞다투어 몰려들어, 나라의 세력은 매우 커졌지요.

그러자 온조는 넓은 강을 건너 땅이 기름진 하남 위례성으로 근거지를 옮기고, 이름을 '백제'라고 고쳐 지었어요. 또 자신들의 뿌리가 부여였으므로 성을 부여씨로 삼았답니다. 그래서 온조는 백제의 건국 시조가 된 것이에요.

《수서》 백제전에 따르면, 백제란 '백 개나 되는 많은 부족들이 바다를 건너와 세운 국가'라는 뜻이랍니다. 백제는 해상강국이었고, 수많은 부족들과 교류한 집단이었으므로 그 뜻을 나라 이름으로 삼은 것이지요.

어쨌든 새 나라 백제의 중심 세력은 부여 출신들이었으므로, 그들은 나라를 세우자마자, 부여의 시조인 동명왕을 추모하는 사당을 짓고 제사를 지냈습니다. 오늘날 우리가 단군의 후예임을 자랑스러워하듯이, 당시 사람들은 동명왕의 후예라는 긍지를 가지고 살았던 것이지요.

참, 그리고 보니 고구려 사람들도 부여 출신으로 자처하면서 자신들의 시조인 주몽을 동명왕이라고 불렀지요? 그 때문에 백제와 고구려 사람들은 오랫동안 서로 자신들이 부여의 정통성을 계승했다고 주장하며 다투었답니다.

새로운 나라가 세력을 넓히게 되면 반드시 그 지역에 먼저 자리잡고 있던 나라와 충돌하게 되어 있지요. 당시 백제의 동쪽에는 '낙랑'이 있었고, 북쪽에는 '말갈'이 있었어요. 백제는 차츰 나라의 기틀을 갖추어 가면서 당연히 두 나라의 위협을 받게 되었답니다. 때문에 온조왕은 그들이 언제 쳐들어올지 몰라 걱정이 태산 같았지요.

"말갈 사람들은 용맹스럽고 꾀가 많으니 군사를 조련하고 군량을 저장하여 저들의 침략에 대비해야겠다."

이렇게 생각한 온조왕은 족부 을음에게 '우보'라는 벼슬을 주어 군대를 훈련시키도록 했어요. 과연, 즉위 8년인 기원전 11년에 말갈이 3천 명의 군사를 이끌고 하남 위례성으로 몰려들었습니다. 하지만 이미 전쟁 준비가 되어 있던 백제군은 성을 굳게 지키며 시간을 끌었어요. 마침내 말갈 군대가 식량이 떨어져 퇴각하자, 기습 공격하여 대승을 거둘 수 있었지요.

그 뒤에도 말갈은 자주 침략해 왔지만 번번이 패하고 물러갔어요. 온조왕은 또 낙랑의 침공을 막기 위해 국경에 마수성을 쌓았고, 즉위 18년부터는 낙랑과 수 차례 싸움을 벌여 백제를 지켜 냈습니다.

그렇지만 초기 백제는 한반도 남쪽에 있던 마한 지역의 작은 나라에 불과했습니다. 때문에 백제는 마한에 조공을 바치며 속국임을 자처했지요. 또한 북쪽 국경을 침입한 말갈의 추장 소모를 사로잡아 마한 왕에게 보내기까지 했답니다. 하지만 즉위 24년에 이르러 국력이 강해지자, 온조왕은 마한을 병합하기로 마음먹고 웅천에 방책을 설치했어요.

이듬해 위례성 안에서 이상한 일이 일어났답니다. 왕궁의 우물이 넘치고, 말이 머리는 하나인데 몸뚱이가 둘인 소를 낳은 괴변이었지요. 그런데 점을 치는 사람이 이렇게 해석해 주었어요. 우물이 넘치는 것은 나라가 흥할 징조이고, 말이 두 몸뚱이에 머리가 하나인 소를 낳은 것은 이웃의 두 나라를 복속시킬 징조란 것이었지요. 그 말을 들은 온조왕은 내심 기뻐하며 마한과 진한을 공격할 마음을 먹었습니다.

남한산성
백제의 시조 온조왕이 외침을 막기 위해 쌓은 토성으로, 조선 광해군 13년(1621) 때 청나라의 침입을 막기 위해 본격적으로 축성하였다고 한다. 병자호란 때는 인조가 피신하여 1만 2천여 명의 병사와 45일간 분전했으나, 끝내 항복했던 비운의 장소이다.

이윽고 즉위 26년인 서기 8년에 이르러, 온조왕은 사냥을 구실로 군대를 출동시켜 마한의 도읍을 기습 공격해 함락시켜 버렸어요. 예상하지 못했던 백제의 공격에 마한은 꼼짝할 수가 없었지요. 이때 마한의 원산성과 금현성이 강력히 저항해 오는 바람에, 이듬해 4월이 되어서야 백제는 공식적으로 마한을 병합할 수 있었어요.

《삼국사기》 백제본기에 기록된 온조왕의 마한 병합 기록은 2백 년 뒤에도 여전히 백제가 마한의 속국으로 기록되어 있는 것으로 보아 역사의 오류로 보입니다. 당시 한반도 남쪽에 있던 삼한 가운데, 마한에는 54개국, 진한에 12개국, 변한에 12개국의 소국이 있었고, 백제는 마한의 일원이었어요. 그러므로 온조왕이 마한에 속한 몇 나라만을 병합한 것으로 추측됩니다.

이처럼 백제를 세우고 46년 동안, 나라의 기틀을 잡기 위해 동분서주하던 온조왕은 서기 28년에 맏아들 다루에게 왕위를 물려주고 세상을 떠났습니다.

시조 온조왕의 뒤를 이어 즉위한 백제 2대 임금 다루왕은 성격이 관대하고 후덕하여 위엄이 있었다고 합니다. 《삼국사기》에 따르면 그가 왕위에 있는 동안 말갈족과 잦은 전투를 벌였고, 신라와도 충북 보은에 있는 와산성을 놓고 자주 충돌했다고 합니다.

마찬가지로 3대 임금 기루왕에 대해서도 특별한 기록이 전해지지 않습니다. 다만 기루왕 21년에 한강에 두 마리 용이 나타났다고 합니다. 고대 역사에서 용이 나타났다는 것은 곧 정치적으로 큰 변화가 일어났다는 뜻이에요. 또 기루왕 32년에는 흉년이 들어 굶주린 백성들이 산야를 떠돌고 인육을 먹기까지 했다고 하니, 당시 사회가 몹시 어지러웠을 것으로 추측됩니다.

 4대 임금 개루왕에 대한 기록 역시 굉장히 간단하답니다. 개루왕 5년에 북한산성을 쌓았고, 38년에는 신라의 길선을 놓고 신라 조정과 다투었다고 합니다. 길선은 신라의 아찬 벼슬에 있던 사람인데, 역모를 일으켰다가 실패하여 백제에 망명을 했지요. 이때 신라의 아달라 이사금이 반역자 길선을 내놓으라고 했지만, 개루왕은 이를 거절했어요. 그러자 화가 난 신라가 군사를 모아 백제를 공격했습니다. 하지만 백제는 성문을 굳게 걸어 잠그고 싸우지 않았어요. 그러는 사이 겨울이 오고 모진 추위로 인해 신라군은 퇴각하고 말았답니다.

 개루왕은 도미와 그의 아내에 얽힌 설화 속에도 등장하고 있어요. 이 설화는 여색에 눈먼 개루왕이 곧은 절개를 지닌 도미의 아내를 꾀하려다 실패하면서 악행을 범하자, 하늘이 개루왕을 피해 고구려 땅으로 도피하는 도미와 그의 아내를 돕는다는 내용이에요. 학자들 중에는 이 설화에 나오는 개루왕이 21대 개로왕이라고 주장하는 사람도 있답니다.

알면 재미있는 이야기

백제는 왜 나라 이름을 여러 번 바꾸었나요?

백제는 국호를 여러 차례나 바꾸었고, 기록에 따르면 몇 가지 별칭으로 소개되기도 한답니다. 가장 일반적인 국호는 역시 '백제' 랍니다. 《삼국사기》에 따르면, 온조왕이 그의 형 비류가 다스리던 나라와 합치면서 십제였던 국호를 백제로 바꾸었다고 해요. 그러므로 최초의 이름은 '십제' 였지요.

중국의 진수가 쓴 역사서 《삼국지》에서는 마한에 속한 54개의 작은 나라를 소개한 부분이 있습니다. 그 가운데 한글은 같지만 한자가 틀린 '백제국' 이라는 나라가 있습니다. 많은 학자들은 이 백제국이 국력이 강해지면서 한자의 뜻이 더 좋은 백제란 이름으로 바꾸었다고 생각하고 있어요. 또한 일본의 역사책인 《일본서기》에는 '위례국' 이라는 나라가 등장하는데, 이것이 처음 하남 위례성에 도읍했던 백제라고 생각되기도 해요.

《삼국사기》 백제본기에는 성왕이 지금의 공주 지방인 웅진에서 부여 지방인 사비로 도읍을 옮기면서 나라 이름을 '남부여' 로 바꾸었다고 나와 있어요. 자신들이 부여 출신이란 걸 말해 주는 것이겠지요. 하지만 이 이름은 오래 사용되지 않고, 곧 백제란 이름으로 다시 돌아왔답니다.

고려 시대 이승훈이 쓴 《제왕운기》라는 책에는 백제의 이름을 '응준', 또는 '나투' 라고 불렀다는 내용도 있어요. 응준이나 나투는 매를 뜻하는 한자어지요. 때문에 이 이름은 정식 나라 이름이 아닌 다른 나라에서 백제를 부를 때 사용한 별칭으로 생각됩니다.

또 신라 선덕여왕 때 지어진 황룡사 구층탑에 새겨진 글에는 신라가 경계해야 할 적국으로서, 백제를 지목하여 '응유' 라고 불렀다고 합니다. 이처럼 백제는 나라 이름이 한두 개가 아니었지요. 그만큼 백제를 둘러싸고 있던 주변 환경이 복잡했다는 뜻이 아닐까요?

백제설화 | 도미의 아내

백제의 4대 임금 개루왕 때의 일이었어요. 도미는 신분이 낮은 백성이었지만 의리를 아는 사람이었답니다. 그의 아내 역시 용모가 아름답고 절개가 높아 사람들의 칭찬을 받고 있었지요. 그 소문을 들은 개루왕이 어느 날, 도미를 불러 말했어요.

"무릇 부인의 덕이란 깨끗한 절개를 앞세우는 것이나, 만일 사람이 없는 은밀한 곳에서 그럴 듯한 말로 꾀면, 마음이 움직이지 않는 여인이 없을 것이다."

그러자 도미는 당당하게 대답했어요.

"사람의 마음은 가히 헤아릴 수 없는 것이기는 하오나, 저의 아내만은 비록 죽는 한이 있더라도 변함이 없을 것입니다."

그러자 왕은 도미를 궁궐에서 나가지 못하게 한 다음, 신하에게 왕인 것처럼 꾸며 도미의 아내를 유혹하라고 명령했어요. 명을 받은 신하는 그 날 밤, 왕의 옷을 입고 도미의 집으로 가서 도미의 아내에게 말했습니다.

"네가 어여쁘다는 말을 듣고 짐이 오랫동안 그리워했노라. 그런데 오늘 도미와의 내기에서 승리하여 너를 차지하게 되었다. 이제 너를 나의 비로 삼을 것이다."

그러면서 신하가 그녀를 꾀하려 하자, 도미의 아내는 침착하게 대답했어요.

"제가 일개 백성으로서 어찌 대왕의 말씀에 순종하지 않을 수 있겠습니까? 부디 먼저 방으로 들어가 기다리십시오. 옷을 갈아입고 들어가 모시겠습니다."

그렇게 물러나온 도미의 아내는 자기를 닮은 계집종 한 사람을 곱게 꾸며 방으로 들여보냈어요. 다음 날, 신하의 보고를 받은 개루왕은 웃으며 도미에게 말했어요.

"네 아내가 절개가 아무리 높다 한들 다른 여자들과 다를 게 없구나."

그러자 도미는 웃으면서 대답했어요.

"제 아내는 결코 그런 사람이 아닙니다. 신하에게 그녀의 용모를 물어 보시면 알 것입니다."

개루왕이 그 말을 듣고 신하에게 자초지종을 캐물은 뒤, 마침내 속은 것을 알게 되었어요. 이에 개루왕은 크게 노하여 도미의 두 눈을 뽑은 다음, 작은 배에 실어 강물에 띄워 보냈답니다. 참 악독한 짓이었지요. 왕은 또 도미의 아내를 궁궐로 끌고 와서 강제로 범하려 했어요. 그러자 사정을 알

알면 재미있는 이야기

게 된 도미의 아내가 말했어요.

"이제 남편을 잃고 혼자 몸이 되었으니, 어찌 왕명을 거역하겠습니까? 하지만 오늘은 월경으로 인해 몸이 청결치 못하니, 다른 날을 기다려 목욕재계하고 모시겠습니다."

개루왕이 이를 허락하자, 궁궐을 빠져 나온 도미의 아내는 정신없이 도망쳐 강가에 이르렀어요. 하지만 배가 없어 강을 건너지 못하고, 하늘을 우러러 보며 통곡했답니다.

"하늘이시여, 제가 포악한 왕에게 남편을 잃고 이제 갈 곳이 없으니 어찌하면 좋겠습니까?"

그러자 갑자기 조각배 한 척이 물결을 따라 내려오는 것이었어요. 그녀는 그 배를 타고 헤매던 중, 천성도에서 죽지 않고 풀뿌리를 캐어 먹으며 살던 남편 도미를 만나게 되었답니다. 하늘의 도움으로 상봉한 두 사람은 오랫동안 부둥켜안고 통곡했어요. 이윽고 두 사람은 배를 타고 고구려의 산산 지방으로 갔어요. 도미 부부의 딱한 사정을 들은 고구려 사람들이 그들을 불쌍히 여겨 옷과 밥을 주었고, 두 사람은 그 곳에서 일생을 보냈다고 합니다.

초기 백제의 유적, 몽촌토성

서울특별시 송파구 풍납동 올림픽 공원 안에 자리잡고 있는 몽촌토성은 1982년, 사적 제297호로 지정되었지요.

풍납토성과 함께 초기 백제의 토성 가운데 하나인 이 토성은 한강의 지류를 이용하여 진흙을 쌓아 단단한 성벽을 만들었어요. 토성의 벽에는 목책의 흔적이 발견됨으로써, 당시 백제인들이 이 곳에 나무 울타리를 세워 적의 침입에 대비했을 것으로 추측된답니다.

몽촌토성

토성은 남북이 750m, 동서로 500m의 길이이며, 대체로 3세기부터 5세기까지 세워진 것으로 보입니다. 또한 토성은 북쪽으로부터 공격에 대비한 방어용 성의 성격을 띠고 있었는데, 성벽에 방어용 연못인 해자를 두르고 있어 매우 희귀한 역사 자료로 평가받고 있답니다. 때문에 일부 학자들은 이 곳이 바로 온조가 나라를 세웠던 하남 위례성일 가능성이 매우 높다고 주장합니다.

몽촌토성의 주요유물

몽촌토성은 백제 초기의 토성으로, 백제가 고대 국가로서의 기틀을 마련한 한성 시대의 중요한 성으로 여겨지고 있어요. 이 곳에서는 1983년부터 1989년에 이르기까지 모두 6차례에 걸쳐, 서울대학교박물관을 중심으로 발굴조사가 실시되었지요.

그 결과 움집과 저장 구덩이를 비롯하여 대규모의 건물터와 연못 등이 확인되었고, 수많은 유물들이 발견되었답니다. 토기와 청동기, 철기는 물론이고 중국의 청자까지 발굴됨으로써, 몽촌토성의 역사를 3세기 중엽으로 끌어올릴 수 있게 되었지요.

또 연화문막새기와 등을 비롯한 각종 백제 기와가 발견됨으로써, 이러한 기와를 올린 기와집이 지어졌고, 중요한 인물이 살고 있었음을 알 수 있게 되었답니다. 그럼, 몽촌토성에서 발견된 몇 가지 중요한 유물을 살펴보도록 해요.

●뼈로 만든 비늘갑옷
우리나라에서는 몽촌토성에서 유일하게 출토된 뼈로 만든 비늘갑옷이에요. 돼지나 사슴 뼈로 만들어진 것으로 보이는 수많은 비늘에 구멍을 뚫어서 서로 엮었던 것으로 추정됩니다. 비늘갑옷은 판갑옷에 비해 가볍고 활동성이 커서 말을 탄 장수들의 것으로 판단됩니다.

●원통형그릇받침
잘 정선된 구운 점토질의 바탕흙으로 빚은 회색의 토기예요. 바닥은 깨어져서 정확한 형태를 알 수는 없지만 나팔 모양의 굽받침이 달렸던 것으로 생각됩니다. 아가리는 나팔 모양으로 벌어져 있어 여기에 항아리 등의 그릇을 올려놓을 수 있도록 만들어졌지요. 몸체는 좁은 띠에 의하여 부분으로 나뉘어 있으며, 각 띠와 띠 사이에는 지름 1cm 내외의 구멍이 6줄씩 뚫려 있어요. 이런 신기한 토기는 몽촌토성을 제외하고는 출토된 예가 거의 없는데, 제사 등 특수한 행사 때 쓰였던 것으로 여겨집니다.

알면 재미있는 이야기

● **굽단지**
몽촌토성에서는 2점밖에 출토되지 않은 희귀한 토기예요. 짧은 목이 달린 둥근 몸체에 나팔 모양의 낮은 굽다리가 달려 있어요. 몸체의 가운데에 3줄의 선이 돌아가며 토기 안팎에 물레질을 한 흔적이 많이 남아 있답니다. 함께 발견된 뚜껑의 가운데에는 조그마한 구멍이 뚫려 있어요.

● **굽접시**
짙은 회청색을 띠는 매우 단단한 토기로, 나팔 모양의 낮은 굽다리를 가지고 있어요. 낮고 넓은 몸체는 갑자기 꺾이면서 뚜껑받이 턱을 이루고, 여기에서 다시 꺾여서 곧추선 아가리를 만들고 있답니다. 몽촌토성에서 많이 출토되는 그릇의 한 종류로, 원래는 뚜껑이 덮여 있었다고 합니다.

● **세발토기**
이 토기는 납작한 몸체에 세 개의 다리가 달려 있으며, 회청색을 띠고 있답니다. 몸체에는 깎아서 다듬은 흔적이 횡으로 나 있고, 다리도 역시 깎아서 다듬은 흔적이 있어요. 어깨에는 지름 0.5cm 가량의 원이 한 줄 찍혀 있지요. 남쪽 지방에서 발견되는 것은 몸체가 더 깊다고 합니다.

● **계란모양토기**
점토에 굵은 사암이 많이 섞인 바탕흙으로 빚은 길쭉한 토기예요. 표면은 적갈색을 띠어 거친 감을 주고 있어요. 길쭉한 계란 모양의 몸체는 아가리 바로 밑에서 약간 좁아져서 목을 이루다가 다시 넓어져 밖으로 벌어져 있으며, 몸체의 윗부분에는 꽃무늬가 그려져 있고 그 아래에는 문자무늬가 찍혀 있답니다. 바닥에는 그을음이 조금 묻어 있는데, 한강 유역에서 발견되는 백제 특유의 토기로, 주로 물을 끓이는 데 사용되었지요.

● **둥근밑항아리**
회청색의 매우 단단한 토기예요. 바탕흙에는 고운 모래가 약간 섞여 있으며, 그릇의 두께는 비교적 얇은 편이지요. 몸체는 약간 각이 진 구형이고, 목은 약간 밖으로 휘는 듯하게 뻗어 있으며, 목의 중간에 한 줄의 돋을 띠가 돌려져 있어요. 몸체 윗부분에는 무늬가 전혀 없지만, 바닥 쪽에는 두드린 문살무늬가 있답니다.

● **계란모양큰항아리**
짙은 회청색의 단단한 항아리로, 바탕흙에는 미세한 모래 가루가 약간 섞여 있고, 표면에는 천연 유약이 많이 흘러내려 있어요. 입술은 여러 번 손질하여 홈이 한 줄 패여 있고, 짧은 목에는 긴 계란 모양의 몸체가 달려 있답니다. 바닥은 뾰족한 편이에요.

● **중국청자접시**
매우 고운 바탕흙으로 구운 중국의 청자접시예요. 굽바닥을 제외한 전면에 담녹색 또는 연한 쑥색의 유약이 발라져 있는데, 얼음 조각 같은 균열이 있어요. 이것은 중국 육조 시대의 청자로 여겨집니다.

● **중국서진회유전문도기조각**
조그마한 도기 조각으로, 1989년에 출토되었으며, 흑갈색의 유약이 발라진 표면에 동전무늬가 찍혀 있답니다. 1985년의 조사에서도 이렇듯 동전무늬가 찍힌 도기 조각 6점이 발견되었는데, 중국 서진에서 제작된 것임이 밝혀졌어요. 이 도기 조각으로 인해 몽촌토성이 쌓인 연대가 3세기 중엽 이전으로 올라갈 수 있게 되었답니다.

알면 재미있는 이야기

온조의 진정한 후계자 초고왕

(재위 : 166~214년)

 초고왕은 '소고왕'이라고도 하는데, 초기 백제의 역사에 있어 매우 중요한 자리를 차지한답니다. 백제의 시조인 온조 이후의 왕들은 다루왕, 기루왕, 개루왕으로 왕호의 끝 글자가 모두 '루'자로 끝나지요? 그들은 모두 해씨로서, 비류의 직계 후손일 가능성이 높다고 합니다. 해씨들은 하남 위례성에 합류한 뒤, 부여씨인 온조의 직계 후손과 더불어 백제의 왕위를 놓고 치열한 다툼을 벌였습니다. 그 결과, 일부 학자들은 비류 세력이 승리하여 해씨인 '루'자 돌림의 세 임금이 초기 백제를 지배한 것으로 생각하고 있어요. 그 후 온조계의 부여씨가 권력을 장악하여 초고왕이 즉위했고, 그때부터 온조를 시조로 하는 백제의 건국설화가 탄생했다고 합니다.

《삼국사기》의 기록과는 달리, 비류 세력들이 미추홀을 중심으로 한 해상무역을 통해 얻은 막강한 경제력을 바탕으로 하여 개루왕 때까지 백제 부족연맹체의 주도권을 잡아 왕을 배출했던 것이지요. 그 뒤에 한강 유역의 풍부한 자원을 이용해 성장한 온조계의 부여씨들이 착실하게 힘을 쌓

아 비류 세력을 누름으로써, 초고왕이 즉위할 수 있었답니다.

훗날 백제의 영웅 근초고왕은 이런 초고왕의 승리와 업적을 계승했다는 의미에서 초고왕의 앞머리에 '가까울 근(近)'자를 붙인 것이라고 합니다. 이렇게 해석하다 보면, 초고왕이야말로 시조인 온조왕의 뜻을 이어받은 진정한 후계자가 되는 셈이지요.

초고왕은 즉위하자마자, 소백산맥 일대의 지배권을 놓고 신라와 싸웠습니다. 이 전쟁의 표면적인 이유는 개루왕 말기에 신라에서 백제로 망명해 온 아찬 길선의 송환 문제 때문이었지요.

초고왕 23년인 188년에 백제는 신라의 모산성을 공격했고, 190년에는 서쪽 국경 지대인 원산향을 공격한 뒤 물러났다가, 추격해 오는 신라군을 와산에서 크게 격파했어요. 204년에는 지금의 경북 상주에 있던 요차성을 함락시킨 다음, 성주 설부를 살해했습니다.

백제의 초고왕 때 중국의 역사는 후한 말기였는데, 이때는 황건적의 난이 일어나, 수많은 군벌들이 난을 정벌한다는 구실로 궐기했던 시기였답니다. 《삼국지》에 나오는 유비와 관우, 장비가 도원결의로 뭉치고, 조조나 원소 등의 영웅들이 출현했던 때였지요.

초고왕 26년인 191년에는 '치우기'라는 혜성이 나타나 백제와 신라의 백성들이 동요했고, 즉위 43년에는 메뚜기로 인해 백성들이 큰 피해를 입었다고 합니다. 당시 사람들은 혜성이 나타나면 나라에 큰 변란이 일어날 것이라고 생각했답니다. 더군다나 혜성의 이름을 고대 동이족의 천왕인 '치우'라 지은 걸 보면 심상치가 않지요.

그럼, 치우는 누구일까요? 그는 오랜 옛날 동이족의 천왕으로, 지금의 베이징 부근에 있는 '탁록'이란 곳에서 중국의 황제 헌원과 천하를 놓고 겨룬 영웅이었어요. 이 싸움은 중화족과 동이족의 한판 승부였는데, 중국 측 기록에 따르면, 헌원이 초반에 고전하다가 '지남거'란 신무기를 발명하여 간신히 승리했다고 되어 있어요. 반대로 우리나라의 기록에서는 도리어 치우가 헌원을 사로잡아 신하로 삼았다고 씌어 있지요. 어쨌든 그 뒤에 치우는 두 민족 사이에 전쟁의 신으로 추앙받았어요.

《한서지리지》에는 치우의 능이 산동성에 있는데, 사람들이 제사를 지낼 때마다 붉은 기운이 깃발처럼 뻗어 나갔으므로, 이것을 '치우기'라고 했답니다. 또 《천문지》에 의하면, 치우기는 꼬리별의 일종으로 뒤쪽이 굽어 있어 깃발을 닮았는데, 그 혜성이 나타난 방향에는 반드시 전쟁이 난다고 합니다. 그러므로 초고왕 때 신라와 백제, 이 두 나라에 똑같이 치우기라는 이름의 혜성이 등장했다는 기록이 있는 것으로 보아, 당시 양국 사이에 커다란 전쟁이 있었을 것이라 짐작하는 것이지요.

214년에 초고왕이 세상을 떠나자, 맏아들 구수왕이 백제를 다스렸어요. 구수왕은 키가 2m가 넘는 거인으로, 위엄과 용기가 남달랐다고 합니다. 구수왕 역시 아버지의 시대와 마찬가지로 북쪽으로는 말갈, 남쪽으로는 신라와 끊임없이 싸웠어요. 하지만 전쟁 때마다 패하여 왕권이 약화되고, 정치적으로도 몹시 불안해졌지요. 또한 즉위 말기에는 나라 안에 극심한 가뭄과 기근이 닥쳐, 백성들이 고향을 버리고 떠돌아다니며 풀뿌리로 연명하며 겨우 살아가는 사태가 일어나기까지 했어요.

그런 이유 때문이었는지 234년에 구수왕이 죽자, 왕위에 오른 그의 맏아들 사반왕은 나이가 너무 어려 정사를 돌볼 수 없다는 이유로 곧 폐위되었습니다. 그리고는 고이왕이 등극했답니다. 이는 당시 부족장들의 힘이 왕의 힘보다 강했다는 증거예요. 그때까지도 백제는 부족 국가로서 왕권이 튼튼하지 못했고, 여러 부족장들의 입김에 의해 좌지우지되는 나라였으니까요.

알면 재미있는 이야기

문화 국가의 상징, 백제금동대향로(국보 제287호)

백제금동대향로

1천 년 동안의 오랜 잠에서 깨어나 부여에서 발견된 백제금동대향로는 문화의 나라 백제의 뛰어난 예술혼과 함께 잊혀졌던 왕국 백제의 모든 것을 생생하게 만나 볼 수 있게 해 주었어요.

향로 윗부분에는 다섯 명의 신선이 엷은 미소를 띠고 있는데, 이는 미륵상생경에 나오는 도솔궁의 다섯 신선으로, 하늘나라의 환희와 복락을 온 누리에 펼치고 있답니다. 그것은 인간을 행복을 추구하는 백제인들의 이상향을 보여 주고 있어요.

향로의 아래는 용이 받치고 있고, 꼭대기에서 주작이 미륵의 세계를 지켜보고 있어요. 또 향로에는 74개의 산, 164마리의 동물, 30명이 넘는 사람, 10여 가지의 식물이 등장한답니다. 사람과 동물은 물론, 자연까지 완벽하게 조화를 이룬 극락세계를 표현한 것이지요.

동아시아 최대의 걸작품으로 평가되는 이 향로는, 1993년 12월 12일에 왕릉이 아닌 사람이 만든 우물 속

진흙더미 안에서 발견되었어요. 이 향로는 백제 왕실에서 하늘에 제사를 지낼 때마다 썼다가, 나당 연합군의 공격으로 멸망의 위기에 처하자 제일 먼저 감추어 둔 보물일 거라고 추측하기도 합니다.

학자들에 의하면, 박물관 하나를 가득 채울 정도로 많은 무령왕릉의 유물이 이 향로 하나의 가치를 당해 내지 못한다고 하니, 정말 대단하지요? 실로 이 향로 하나에 백제의 모든 것이 다 들어 있다고 해도 과언이 아니랍니다.

초기 백제의 석촌동 유물

서울 송파구 석촌동, 가락동, 방이동 일대에는 초기 백제 고분들이 많았어요. 옛날 조선총독부가 조사한 자료에는 66기가 있었지만, 도시화가 진행되면서 많이 파괴되고 사라져, 지금 보존되고 있는 것은 4기에 불과하답니다. 그중에 적석총 3호분은 3단의 높이로, 만주 통구에 있는 장군총에 버금 가는 크기를 자랑하고 있어요. 따라서 이 무덤은 고구려인들이 남쪽으로 내려와 한강 유역에 백제를 세웠을 때, 초기 권력자의 무덤으로 추측하고 있답니다. 혹시 온조왕의 무덤이 아닐까요? 현재 이 석촌동의 백제 시대 고분군은 사적 제243호로 지정되어 있는데, 어린이 여러분들도 이 곳에서 출토된 유물을 살펴보면 자부심을 가지게 될 거예요.

● 짧은목항아리
고운 바탕흙을 빚어 약간 낮은 온도에서 구워 낸 항아리로, 바닥 쪽으로 갈수록 질이 무릅니다. 목은 안으로 약간 기울어서 짧게 곧추서 끝나고, 어깨는 매우 벌어져 있지요. 바닥은 아가리보다 좀 넓은데, 점토판을 안쪽에서 붙여 만든 것으로 평평합니다. 토기는 회색 계통이지만 약간의 검은색을 띠는데, 비슷한 모양의 항아리가 가락동 2호 무덤에서도 출토되었어요.

● 긴목항아리
고운 점토질의 바탕흙에 가는 모래가 약간 섞여 있어서 매우 단단하게 구워져 있으며, 표면은 회청색을 띠고 있어요. 몸체는 약간 긴 공 모양으로 나팔처럼 넓게 벌어진 아가리가 특징이며, 목 가운데에 한 줄의 돋을 띠가 돌려져 있지요. 초기 백제 지역에서 많이 출토되는 전형적인 백제 토기로, 목에 돋을무늬가 있는 것이 없는 것보다 약간 늦게 출현되었다고 해요.

알면 재미있는 이야기

● 작은바리
붉은색 계통의 토기이지만 회흑색을 띠는 부분도 있는데, 바탕흙에는 가는 모래가 많이 섞여 있어서 그릇 표면이 거친 느낌을 줍니다. 평평한 바닥에서 몸체는 조금씩 벌어지면서 위로 이어져 그대로 아가리를 이루는데, 표면에는 아무런 무늬도 없답니다.

● 깊은바리
적갈색의 무른 그릇으로, 바탕흙에는 모래가 많이 섞여 있어 표면은 매우 거칩니다. 목은 짧게 벌어져서 발달된 입술로 마무리되며, 점차 벌어지는 어깨는 입 지름에 비해 비교적 길쭉한 몸체와 연결되고, 바닥은 평평해요. 몸체에는 돗자리무늬가 있는데, 이러한 토기는 원삼국 시대에서부터 삼국 시대까지 비교적 오랜 기간 동안 쓰였답니다.

● 검은토기
전면이 흑색으로 덮여 있고 광택이 나는 흑색 토기로, 아가리는 안으로 약간 좁아지면서 곧추서 있고, 벌어진 어깨는 점차 좁아지며 몸체를 이루다가 평평한 바닥으로 이어집니다. 어깨에는 약 2mm 간격으로 삼각형의 점무늬를 한 줄 돌리고, 그 밑에는 가는 선을 그어서 무늬를 만들고 있으며, 그 내부에는 옆으로 누운 문살무늬가 정교하게 그어져 있답니다.

● 둥근밑항아리
전체적으로 약간 눌린 듯한 공 모양을 하고 있으며, 목은 짧게 약간 밖으로 벌어졌던 것으로 생각되지만 깨져서 알 수 없어요. 바탕흙에는 고운 모래 알갱이가 많이 섞여 있으며 단단하게 구워져 있답니다. 표면색은 회청색 계통이고, 앞면에 끈무늬가 새겨져 있지요.

● 병
평평한 바닥에 양파 모양의 몸체인데, 목은 짧고 밖으로 벌어져 둥글게 말려 있습니다. 바탕흙은 잘 정선되어 있고, 표면색은 짙은 회청색을 띠지만, 바닥의 일부는 구워질 때 불을 덜 받아서 적갈색을 띠고 있어요.

● 독널
널이란 '관'이라는 뜻이에요. 그러므로 이것은 흙을 빚어 만든 관이랍니다. 굵은 모래알갱이가 섞인 바탕흙으로 구워서 겉은 단단하지만 거친 감을 줍니다. 몸체는 약간 길쭉하고 목은 짧게 밖으로 벌어져 있으며, 표면에는 두드린 문살무늬가 촘촘히 새겨져 있어요. 발굴 당시 이 독널의 아가리는 깨어진 토기 조각으로 막혀 있었다고 해요. 이러한 독널은 청동기 시대부터 만들어졌는데, 움무덤 등 다른 무덤에서도 발견되곤 한답니다

● 금제달개
제3호 돌무지무덤 주변에서 출토된 것으로, 얇은 원형금판에 지름 1mm 가량의 작은 구멍을 뚫고 금실을 꿰어서 꼬았어요. 금관 등에 달았던 장식으로 생각되는데, 이러한 금장식의 출토로 인하여 이 무덤에 묻혔던 인물의 신분을 왕이나 왕족으로 추측할 수 있답니다.

● 금제고리
원형 또는 타원형의 고리들인데, 전체가 다 금이 아니고 껍질만 금으로 된 것이에요. 안쪽의 재질은 청동으로 추정되는데, 귀걸이의 일부분으로 사용되었던 것 같아요.

● 옥을 갈던 돌
네모난 석판으로 윗면 7개의 홈이 파여져 있어요. 현재 일부가 파손되었지만 파손되지 않은 곳은 잘 갈려 있으며, 홈에 옥 등을 갈아서 가공하던 도구로 여겨집니다. 우리나라에서는 아직 이러한 옥을 갈던 돌이 발견된 예가 없지만, 일본에서는 굽은 옥을 갈았던 돌이 자주 발견되고 있어요.

나라의 기틀을 갖춘 고이왕

(재위 : 234~286년)

　　백제의 8대 임금 고이왕은 왕위에 오른 지 3년 만에, 서해의 큰 섬에서 대대적인 사냥 대회를 열어 왕권을 과시했어요. 또 2년 뒤에는 하늘과 땅에 제사를 지내 백제의 위용을 안팎으로 자랑했답니다. 중국에서는 이러한 의식을 '봉선의식'이라 하였으며, 이것은 천자만이 거행할 수 있는 것이었어요. 그런데 마한 지역의 소국인 백제의 왕이 이런 의식을 치렀다는 것은 그만큼 고이왕의 자신감이 넘쳤다는 뜻이지요.

　　"부디 우리 백제가 강하고 튼튼한 나라가 되게 해 주십시오."

　　고이왕은 이렇듯 천지신명께 백제의 부국강성을 기원하는 한편, 대대적인 개혁을 통해 부족들의 권력다툼으로 혼란스러웠던 백제의 체질을 개선했어요. 그는 자신이 왕위에 오르는 데 있어 커다란 공을 세웠던 장군 진충에게 군대를 책임지는 좌장의 벼슬을 맡기고 이렇게 명했습니다.

　　"그대가 우리나라의 군대를 잘 통솔해서, 감히 나라를 흔드는 무리가 없도록 하라."

"대왕께서는 염려하지 마십시오. 만일 반역하는 무리가 나타난다면 일거에 처단하도록 하겠습니다."

이렇듯 강력한 군사력으로 각 부족들의 힘을 누른 고이왕은, 중앙집권 체제를 강화하기 위해 중앙관제를 마련했답니다. 그것은 이른바 6좌평과 16관등제로서, 고이왕 28년에 이르러 완비되었어요. 좌평이란 귀족회의의 의장으로, 백제의 최고 관직이었지요. 고이왕은 이처럼 관제를 체계화시킴으로써 각자의 세력을 과시했던 각 부족들을 견제할 수 있었습니다.

"나라가 부강해지려면 무엇보다도 부정부패가 없어야 한다."

이렇게 생각한 고이왕은 즉위 29년에 이르러, 관리들의 뇌물수수를 금지하는 '범장지법'을 만들었어요. 당시 관리들은 세금을 받을 때나 부역에 동원할 때 뇌물을 받고 무마해 주기 일쑤였지요. 고이왕은 이런 폐단을 없애 백성들의 눈물을 닦아 주려 했답니다. 그는 또 남쪽 평야 지대에 논을 개간하도록 해서 농업 생산량을 늘리려 노력했어요.

"우리 나랏님은 성군이야."

백성들로부터 이런 찬사를 듣게 되자, 고이왕의 위치는 더욱 든든해졌고, 귀족들은 상대적으로 왕의 눈치를 살필 수밖에 없었지요. 민심은 천심이니까요.

고이왕은 이처럼 내정을 튼튼히 하면서도 영토 확장과 외교에 게을리하지 않았어요. 즉위 13년에 고이왕은 낙랑군과 대방군이 합세해 고구려를 공격한 틈을 타, 좌장 진충에게 군사를 주어 낙랑군의 변경을 습격해서 많은 포로를 잡아왔답니다.

화가 난 낙랑태수 유무가 강력하게 항의하자, 그때까지 낙랑과 싸워 이길 자신이 없던 고이왕은 포로들을 돌려보냈어요. 그런데 얼마 후, 마한에서 대방군을 치기 위해 군사를 보내 달라는 연락이 왔습니다. 그때까지 마한은 백제의 상국이었으므로 거절하기가 곤란했지요.

하는 수 없이 고이왕은 즉위 14년인 247년에 마한왕 신지와 함께 연합군을 구성해서 한나라의 군현인 대방군의 기리영을 공격하기는 했지만, 중간에 슬그머니 군대를 철수해 버렸어요. 그때의 싸움으로 마한은 대방태수 궁준을 죽이는 성과를 얻었지만, 대방군의 거센 역습을 받아서 마한 연맹 자체가 붕괴되는 결과를 맞았답니다.

이때부터 백제는 어부지리 격으로 한강 유역에 대한 지배권을 얻었고 강력한 고대 국가의 기틀을 마련하게 되었습니다. 한편, 고이왕은 예전에 낙랑군을 섣불리 공격한 탓에 언제 그들의 침공을 받게 될지 알 수 없었어요. 그래서 맏아들과 대방군 태수의 딸 보과를 결혼시켜 낙랑군을 견제하는 정책을 폈답니다. 일종의 정략결혼인 셈이었지요.

고이왕이 286년에 세상을 떠나자, 맏아들인 책계왕이 왕위에 올랐어요. 그는 허물어진 위례성을 보수했고, 장인인 대방태수의 요청으로 고구려를 공격해 원한을 샀어요. 고구려와 백제는 부여라는 한 뿌리에서 나왔는데, 중국 군현의 말을 듣고 침공을 했으니 원한을 살 만했지요. 때리는 시어머니보다 말리는 시누이가 더 미운 법이니까요.

책계왕은 그 업보를 받아서인지, 즉위 13년인 298년에 자신이 편들었던 한나라와 맥인들의 공격을 받아 목숨을 잃고 말았답니다.

당시 중국은 후한 말기 삼국 시대의 혼란기였고, 고구려는 동천왕 시대로 관구검의 공격을 받아 환도성이 파괴되자, 도읍을 평양성으로 옮겼던 시기였지요.

책계왕의 뒤를 이어받은 10대 임금 분서왕은 한 군현과 맹렬히 싸워, 한때 낙랑군의 서쪽 땅 일부를 차지하기도 했지만, 낙랑군이 보낸 자객에 의해 허무하게 목숨을 잃고 말았어요. 이렇듯 책계왕과 분서왕은 2대에 걸쳐 한 군현과 싸웠다는 짧은 기록만을 남긴 채, 역사의 뒤편으로 사라져 버렸답니다.

이렇듯 고이왕계의 두 왕이 속절없이 스러지자, 한동안 숨어 지내고 있던 제7대 임금 사반왕의 동생인 비류가 세력을 규합하여 분서왕의 어린 아들을 제치고 백제의 제11대 임금이 되었어요. 그는 구수왕의 둘째 아들로, 성품이 너그럽고 활을 잘 쏘아 백성들의 사랑을 받았다고 합니다.

비류왕은 당시 최하층민이었던 과부나 홀아비, 고아 등에 대한 지원을 아끼지 않아 많은 칭송을 받았답니다. 그가 통치하던 시절에 내신좌평이었던 우복이 북한산성에 터를 잡고 반란을 일으켰지만, 이를 무난히 진압했고, 신라에서 사신을 보내 화친을 제의하는 등 모처럼 두 나라 간에 평화가 깃든 시기였어요.

344년에 비류왕이 사망한 뒤, 분서왕의 맏아들인 계왕이 즉위했지만, 계왕은 불과 2년 만에 세상을 떠났어요. 그리하여 백제의 중흥기라 할 수 있는 근초고왕의 시대가 활짝 열리게 되었답니다.

알면 재미있는 이야기

서산 마애삼존불 (국보 제84호)

서산 마애삼존불

충남 서산시 운산면 가야산 계곡에 있는 서산 마애삼존불은 백제 말기의 작품으로 추정되는 소중한 마애불이에요.

'백제의 미소'로 더 많이 알려진 이 마애불은 암벽을 조금 파고 들어가 불상을 조각한 다음, 그 앞쪽에 나무로 집을 달아 만든 마애석굴 형식의 대표적인 예로 손꼽히고 있어요.

5, 6세기 말경인 중국 남북조 시대 제나라와 주나라의 불상 양식과 비슷하다고 해요. 삼존불은 세 분의 부처님을 모셨다는 뜻인데, 중앙에는 여래입상, 오른편에는 보살입상, 왼편에는 반가사유상을 배치하고 있어요.

높이는 본존여래상이 2.8m, 보살입상이 1.7m, 반가상은 1.66m로서, 백제 최고의 불상으로 손꼽히고 있답니다. 특히 입가에 머금은 미소에는 고단한 중생들을 위로하고 극락세계로 인도하려는 불교의 이상이 잘 나타나 있지요. 이 불상은 아름다움에 중점을 두기보다는 인간 내면의 정신세계를 그리려 한 흔적이 완연하답니다. 세 부처님의 이름은 불경인 《법화경》에 나오는 수기삼존불로, 석가불, 미륵불, 제화갈라보살이라고 합니다.

태안 마애삼존불(국보 제307호)

충남 태안에 있는 마애삼존불 역시 백제 시대의 불상으로 화강암 암석에 새겨져 있어요. 예술 감각이 뛰어났던 백제인들은 다른 나라에서는 단단하여 거의 쓰지 않는 화강암에 불상과 불탑을 조성하는 능력이 있었답니다.

가장 이른 시기에 조각된 것으로 보이는 태안 마애삼존불은, 가운데에 보주를 두 손으로 받쳐 든 관음보살을, 오른쪽에는 우람한 모습의 아미타여래를, 왼쪽에는

태안 마애삼존불

역시 우람한 약사여래를 배치했어요. 이런 형식은 다른 나라에서는 찾아볼 수 없으며, 이것은 이미 불상을 활발히 만들기 시작했던 6세기 중엽에 백제의 독자적인 신앙이 확립되었음을 뜻하지요.

화엄경에는 관음보살이 백화산에 살고 있다고 적혀 있는데, 태안 마애삼존불이 있는 산 이름이 백화산이므로, 바로 이 곳이 화엄경에 의거한 관음도량임을 알 수 있답니다.

비록 관음보살이 주인공이지만, 보살이 여래보다 클 수 없는 까닭에 작게 표현되어 있습니다. 높이는 중앙의 보살입상이 2.23m, 왼쪽 여래입상이 2.96m, 오른쪽 여래입상이 3.06m예요. 1966년 2월 28일에 보물 제432호로 지정되었다가, 2004년에 국보로 다시 지정되었답니다.

백제의 천하를 호령했던 근초고왕
(재위 : 346~375년)

　백제의 13대 임금 근초고왕은 비류왕의 둘째 아들이었는데, 체격이 장대하고 지혜로워 형을 제치고 왕위에 올랐어요. 그 당시에 백제는 북쪽으로 영토를 확장하려 했던 책계왕과 분서왕이 연이어 살해당해 나라가 매우 불안했지만, 다행히도 비류왕이 불안했던 정국을 안정시킨 덕분에 근초고왕 대의 발전을 기약할 수 있었지요.

　이때 중국에서는 사마염이 위나라를 멸망시킨 후, 진나라를 세웠다가 북방의 흉노족과 선비족의 공격을 견디지 못하고 남경으로 도읍을 옮긴 다음, 나라 이름을 '동진'이라고 했어요. 근초고왕은 즉위하자마자, 동진에 사신을 파견하여 친선을 강화했답니다. 또한 비류왕과 같이 신라와도 외교 관계를 지속했지요.

　그는 또 백제의 강력한 귀족 세력인 진씨 가문에서 왕비를 맞아들여 배경을 튼튼하게 했고, 각 지방에 지방관을 파견하여 지방의 귀족들을 통제했어요. 그렇게 나라 안팎을 정돈한 근초고왕은 본격적으로 영토 확장 전쟁에 나섰습니다.

"땅을 넓히려면 우선 귀찮은 무리들부터 해결해야겠다."

그렇게 결심한 근초고왕은 남쪽으로는 영산강 유역에서 활동하던 마한의 남은 세력들을 복속시켜 전라도 전역을 백제의 수중에 넣었어요. 그리고는 낙동강 서쪽에 있던 가야를 압박하여 백제에 조공을 바치게 했어요. 근초고왕은 이렇게 서남쪽을 평정하고, 북쪽으로 고개를 돌렸어요.

이때 고구려의 고국원왕은 수도를 평양으로 옮기고 남쪽으로 세력을 확장해 오고 있었어요. 그리하여 북쪽으로 세력을 확장하려는 근초고왕과는 충돌을 피할 수 없는 상황이었지요.

싸움은 고구려가 먼저 걸어 왔습니다. 369년 9월에 고국원왕이 백제의

치양 땅에 쳐들어왔어요. 그러자 근초고왕은 태자인 근구수를 보내 싸우게 했어요. 이때 백제군은 고구려군 5천 명을 죽이는 대승을 거두고, 수많은 전리품까지 얻었답니다.

근초고왕은 이 승리를 기념해 그 해 11월, 한수 남쪽에서 대규모의 열병식을 개최했어요. 이때 백제의 군대는 황제를 상징하는 황색 깃발을 사용했답니다. 그만큼 근초고왕의 기개가 남달랐던 것이지요.

"고구려를 꺾은 우리 백제를 누가 감히 업신여길 수 있겠는가!"

그로부터 2년 뒤인 371년에, 고구려의 고국원왕은 또 다시 백제를 공격해 왔어요. 그러자 이번에는 근초고왕이 직접 대군을 이끌고 가서 고구려군을 기습 공격하여 무찔렀답니다.

"고구려군이 용감하다더니, 별 것 아니로군."

두 차례의 승리로 고무된 근초고왕은 그 해 겨울에 군사를 이끌고 고구려의 평양성을 공격했어요. 이때 고구려와 백제는 각각 왕이 싸움을 지휘하면서 치열한 격전을 펼쳤어요. 하지만 수많은 화살이 난무하는 가운데 고국원왕이 죽자, 근초고왕은 즉시 군사를 돌려 백제로 되돌아왔습니다. 국왕의 전사로 인해 분노한 고구려군의 공세를 피하기 위해서였지요. 당시 국력으로 볼 때 고구려군이 일제히 총공격을 감행해 온다면, 백제는 엄청난 희생을 감수해야 했기 때문이에요.

그래서 한성으로 되돌아온 근초고왕은 장차 있을 고구려군의 공격에 대비하기 위해서 도읍을 한산으로 옮겼어요. 하지만 이때의 승리로 백제는 대방의 옛 땅을 차지함으로써, 건국 이래 최대의 영토를 갖게 되었답니다.

한편 근초고왕은 중국이 북방민족들의 침입으로 분열된 틈을 타 요서 지방에 진출하여 백제군을 설치한 다음, 이를 해상무역의 거점으로 삼았어요. 그로 인해 요동 지방으로 진출하려는 고구려의 기세가 수그러들 수밖에 없었지요.

또한 근초고왕은 일본과도 교류했는데, 당시의 대표적인 유물이 바로 일본 이소노카미 신궁에 보관되어 있는 '칠지도'랍니다. 근초고왕은 상국의 왕으로서 태자를 시켜 신하국인 왜국의 국왕에게 칼을 내리고, 양국의 단합을 과시했던 것이지요.

근초고왕은 또 중국 황해 연안에서 한반도의 서남해안으로 이어지는 해상교통로를 이용해 무역활동을 활발하게 전개시켰어요. 이 해상교통로는

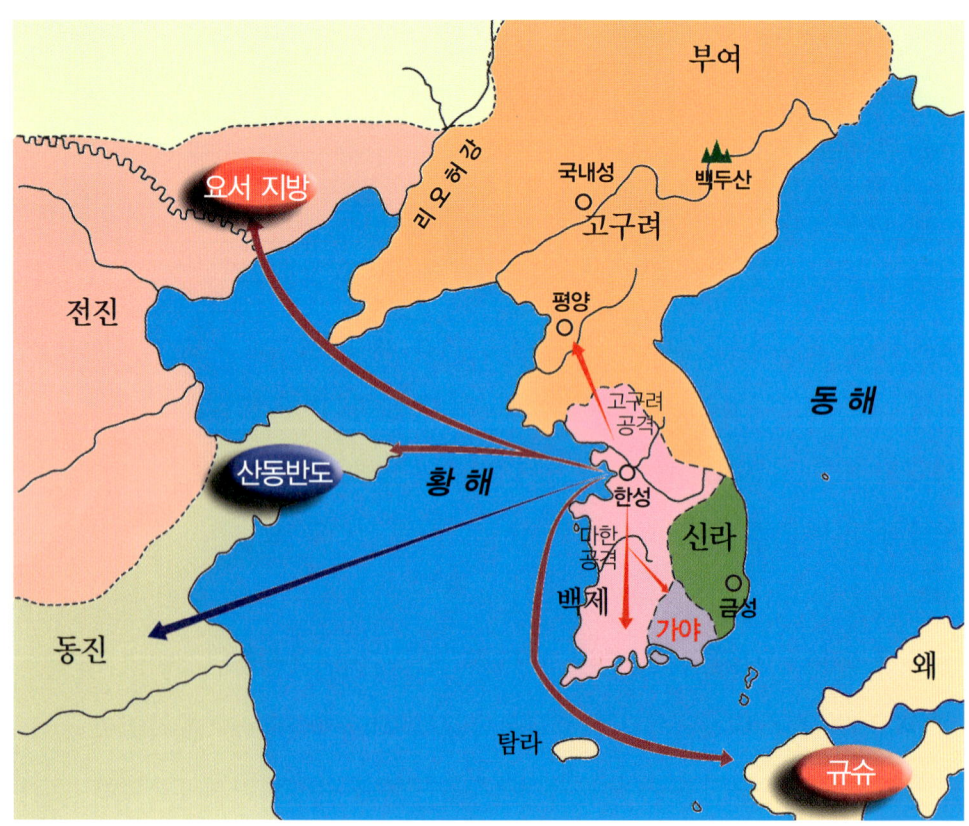

근초고왕 때의
백제 지도

낙랑군과 대방군이 사라진 다음부터 백제의 차지가 되었던 것이지요. 그 결과 백제는 중국과 한반도, 그리고 일본을 연결하는 해상무역의 중심지가 되었답니다.

이처럼 백제의 국력이 비약적으로 발전하게 되자, 백제의 문화 또한 찬란하게 빛나기 시작했어요. 근초고왕은 아직기와 왕인을 일본에 보내 천자문과 논어를 전했답니다. 또 국가의 위신을 한층 높이기 위해 박사 고흥을 시켜 《서기》라는 역사책을 편찬하게 했습니다.

375년에 근초고왕이 세상을 떠나자, 백제의 영광을 이어받은 사람은 맏아들인 근구수왕이었어요. 그는 태자로 있을 때 치양성 전투를 승리로 이끌었고, 아버지를 도운 평양성 전투에서는 첩자 사기가 가져온 정보를 이용하여 고구려군의 정예부대인 적기부대를 격파하는 전공을 쌓았어요.

당시 근구수 태자가 고구려군을 추격하여 지금의 황해도 신계 부근인 수곡성에 다다랐을 때, 장군 막고해는 《도덕경》의 구절을 인용하여 말렸답니다.

"만족할 줄 알면 욕되지 않고, 그칠 줄 알면 위태롭지 않은 법입니다. 그만 추격을 멈추십시오."

그 말에 수긍한 근구수 태자는 더 이상 고구려군을 추격하지 않고, 그곳에 돌을 쌓아 국경으로 삼았다고 합니다. 이 일화를 보면 백제의 장군이 노자의 《도덕경》을 외울 정도로 똑똑했다는 걸 알 수 있겠지요? 현명했던 근구수왕은 384년, 세상을 떠날 때까지 이처럼 고구려에 맞서 공격과 수비를 적절히 조절하면서 힘의 균형을 유지했습니다.

알면 재미있는 이야기

'칠지도'란 어떤 칼인가요?

칠지도

칠지도는 일본의 국보로 지정되어 특별한 전시가 있기 전에는 쉽사리 관람할 수 없는 고대의 유물이랍니다. 쇠로 만들어진 긴 몸체 좌우에 여섯 개의 가지가 엇갈리게 배열되어, 몸체 부분을 포함하면 모두 일곱 개의 가지를 가진 창과 같은 형상이지요.

칼날에 해당하는 가지의 가장자리가 얇고 중심부는 두꺼워, 칼이라기보다는 검이라 불러야 좋을 듯하지만, 몸체에는 금상감으로 칠지도라고 뚜렷이 새겨져 있어요. 하지만 이 칠지도에 새겨진 글씨는 글자가 심하게 떨어져 나간 상태여서 그 내용을 알아보기가 쉽지 않았답니다. 때문에 그 해석과 역사적 의미를 둘러싸고 100여 년에 걸쳐, 우리나라와 일본 학자들 간에 논쟁이 계속되었지요. 하지만 오늘날 그 내용은 대부분 밝혀진 상태랍니다.

태화 4년 5월 11일 병오정양에 백 번이나 쇠붙이를 단련시켜 이 칠지도를 만들었다. 어찌 백병을 피하겠느냐. 마땅히 후왕을 받들고 받들라. 선사 이래로 이와 같은 칼은 아직 없었다. 백제 왕세자는 신령스럽게 태어난 샘님이다. 그래서 왜왕이 되는 것이고 그런 취지에서 이 칼을 만들었다. 후세에 전하여 보이도록 하라.

이와 같은 내용으로 미루어, 칠지도는 백제의 근초고왕 때 만들어졌으며, 상국인 백제왕이 신하국인 왜왕을 격려하기 위해 하사되었음을 알 수 있지요.

이 칼을 1천 6백여 년 동안 잘 보존해 오고 있는 이소노카미 신궁은 백제 근초고왕을 시조로 하는 '물부수'란 사람으로부터 시작되었다고 합니다. 이 신궁에서는 물부수의 후손인 모리씨들이 명치유신 이후, 일제 시대를 빼고는 그 이전부터 지금까지 궁사로서 신물인 칠지도를 지키고 있답니다.

고대 일본의 스승, 아직기와 왕인

백제 근초고왕은 학자 아직기에게 말 두 필을 주어 일본에 건너가게 했어요. 아직기는 일본에 도착한 다음, 처음에는 말을 기르는 일을 했어요. 하지만 얼마 후, 응신천황이 그의 학식을 알아보고 태자의 스승으로 삼았답니다.

아직기가 임기를 마치고 귀국하게 되자, 일본 국왕은 백제에 사신을 보내 학자를 보내달라고 청했어요. 그러자 근초고왕은 왕인 박사에게 자신의 손자 진손왕과 함께 《논어》 10권과 《천자문》 1권을 가지고 일본으로 건너가게 했답니다.

이때 재봉녀, 직공, 양조 기술자, 의사 등 수많은 기술자들을 데리고 일본으로 건너간 왕인 박사는 태자의 스승으로서 일본에 유학을 전파했고, 일본 가요를 창시했으며, 기술 공예를 가르쳐 일본인들의 자랑인 아스카 문화와 나라 문화의 원조가 되었어요. 그로 인해 왕인 박사는 일본 역사상 최고의 성인으로 추앙받고 있답니다.

일본 문화 발전에 결정적인 역할을 한 왕인 박사의 묘지는 일본 오사카의 히라카타 지방에 있어요. 일본의 기록에 의하면, 왕인 박사 이후에도 무령왕 때 고안무와 단양이, 성왕 때 왕유귀 등이 각각 일본에 초빙되어 고대 일본의 유교 교육을 담당했다고 합니다.

왕인 박사는 백제 근초고왕 때의 학자로, 전남 영암군 군서면 동구림리 성기동에서 탄생했어요. 8세 때 월출산 주지봉

왕인 박사 유적이 있는 도갑사

알면 재미있는 이야기

기슭에 있는 문산제에 입문하여 유학을 공부했는데, 문장이 뛰어나 18세 때 오경 박사가 되었지요. 오경 박사란, 《역경》·《시경》·《서경》·《예기》·《춘추》 등 유교의 다섯 가지 경서에 통달한 사람에게 주는 칭호였어요.

영암에 있는 왕인 박사의 탄생지는 현재 전남 지방 기념물 제20호로 지정되어 있고, 그가 일본으로 가는 배를 탔던 상대포도 복원되어 있답니다. 왕인이 고향을 떠나면서 마지막으로 마을을 돌아보았다는 돌정고개도 남아 있지요. 해마다 이 지방에서 벌어지는 산유놀이 때, 왕인이 마셨다는 성천의 물을 마시면 왕인과 같은 훌륭한 인물을 낳는다는 전설도 전해지고 있답니다.

왕인 박사 영정

▎아름다운 백제 와당

와당은 기와의 마구리 또는 막새라고도 합니다. 기와 지붕은 추녀 끝에 막새기와를 비롯하여 사용하는 부분에 따라 여러 종류의 기와를 이용합니다. 그림과 같이 지붕에 사용되는 위치에 따라 그 모양이나 명칭이 각각 다르고 종류도 다양하지만, 그 나름대로의 특성을 지니고 있어요.

추녀 끝의 막새기와는 수막새(둥근 것)와 암막새(평평한 것)가 있는데, 대부분 그 앞면에는 연꽃 무늬 등 도드라진 무늬를 장식했어요. 특히 이 무늬는 고구려, 백제, 신라에 따라 그 특징을 달리하고 있으며, 시대에 따라 변화되고 있답니다.

우리나라에서 언제부터 기와집을 짓고 살았는지는 뚜렷하지 않지만, 막새에는 연화문, 당초문, 보상화문, 귀면문, 금수문 등의 여러 무늬가 장식되어 각 시대와 지역에 따라 다양한 모습을 띠고 있어요. 또 만드는 방법에서도 차이가 있어 고고학이나 미술사에 있어서 매우 중요한 자료가 되고 있지요.

지금도 낙랑의 옛터에서 기와 조각이 출토되고, 또 한강 유역의 토성에서도 발견되고 있으므로 늦어도 삼국 시대의 중앙집권국가가 성립되는 3, 4세기 경에는 기와가 본격적으로 사용되었을 거예요.

세계에서 가장 오래된 막새는 중국의 진시황 때 지어진 아방궁의 막새이고, 우리나라에서 제일 오래된 막새는 황해도의 봉산군 토성과 대동강 남쪽의 토성 등에서 발견된 것이랍니다.

백제의 와당은 한성 시대에 고구려의 영향을 받아 제작된 몇 가지 기와 조각을 통해 초기의 모습을 어느 정도 살펴볼 수 있어요. 웅진으로 도읍을 옮긴 475년 이후에는 불교의 융성과 더불어 발달한 연꽃무늬 수막새가 쓰였는데, 점차 연꽃잎 끝이 구부러지면서 부드럽게 융기하고 있는 백제의 전통 양식이 자리잡게 되었지요.

사비로 도읍을 옮긴 뒤에는 주로 연화문이 장식되었는데, 고구려의 와당과 비교하면 연꽃잎의 두께가 가늘고 연회색을 띠고 있어 부드러운 맛을 주며, 전체적으로 세련되고 우아한 모습을 보이고 있어요. 후기에는 연꽃잎 내부에 인동무늬가 장식되었고 겹으로 된 연꽃잎도 등장했답니다.

백제의 연화문 와당
백제의 기와는 막새기와 안에 연꽃무늬를 새겼는데, 연꽃잎 끝이 둥그렇게 지켜져 올라가는 양식을 보이는 경우가 많다. 연꽃잎은 아무 장식이 없이 양감이 도드라지지 않아 부드럽고 우아하다. 빛깔은 회백색이다. 상서로운 뜻을 담은 막새기와는 하나하나의 개성적 의장에 의해 그 가치가 새롭게 인식되고 있다.

불교를 공인한 침류왕
(재위 : 384~385년)

15대 침류왕은 백제에서 불교를 처음으로 받아들인 임금이에요. 그가 왕위에 오르던 해인 384년에 동진에서 인도의 승려인 마라난타가 백제로 건너왔어요. 이때 왕은 맨발로 교외까지 나가 그를 맞아들였고, 궁궐에 머물게 하는 등 극진히 대접했답니다. 그때부터 백제의 불교 문화가 시작된 것이지요.

이듬해 2월에 침류왕은 한산에 절을 세우고 10명의 승려를 머물게 했어요. 이와 같은 불교의 수용은 당시까지 뿌리 깊었던 토속 신앙과의 충돌이 불가피했고, 지배 계층의 동요 또한 만만치 않았지요. 침류왕은 즉위한 지 1년 만에 갑자기 세상을 떠났는데, 무슨 이유인지는 알려져 있지 않답니다.

침류왕의 갑작스런 죽음 이후, 태자가 몹시 어렸으므로 숙부인 진사왕이 왕위에 올랐습니다. 그는 매우 굳세고 용감한 사람이었지요. 진사왕은 고구려의 공격에 대비하여 서북부 국경 지대에 성을 쌓기 시작했어요.

"고구려가 언제 쳐들어올지 모른다. 긴장을 늦추면 안 돼."

진사왕은 이렇게 신하들을 감독하며 격려했어요. 그가 쌓은 방어망은 청목령에서 북쪽으로는 팔곤성, 서쪽으로는 바다에까지 이르렀다고 하는데, 그 곳은 지금의 개성 지역으로 추측된답니다. 당시 백제의 군사요충지는 동쪽으로 청목령, 북쪽으로 팔곤성과 적현성, 도곤성, 그리고 서해안에는 관미성이었지요.

　이렇듯 진사왕은 온 힘을 다하여 전쟁에 대비했지만, 안타깝게도 그의 상대는 고구려의 최전성기를 이끌었던 정복군주 광개토대왕이었습니다. 진사왕 8년인 392년, 광개토대왕은 즉위한 지 2년 만에 4만의 병력을 이끌고 백제의 국경을 넘어왔답니다.

　고구려군은 번개처럼 한강 북쪽의 성 10개를 함락시킨 다음, 그때까지 난공불락의 성으로 일컬어지던 서해의 요충지 관미성까지 단숨에 무너뜨리고 말았어요. 관미성이 어디에 있었는지는 정확하게 알려지지 않지만, 황해의 옹진반도 내지는 강화도일 것으로 추측하고 있지요. 관미성은 사방

불갑사 대웅전 목조삼신불좌상
불갑사 대웅전에 있는 나무로 만든 삼신불좌상으로, 전라남도 유형문화재 제208호로 지정되어 있다. 불갑사는 백제 침류왕 384년에 인도 스님 마라난타가 백제에 불교를 전파하면서 창건했다고 전해진다.

이 험한 절벽이며, 주위에는 시퍼런 바닷물이 있어서 용맹스런 고구려군이 일곱 방면으로 20일 동안 공격해서야 겨우 함락시킬 수 있었다고 합니다.

이와 같은 참패는 백제의 진사왕에게 매우 충격적인 일이었습니다. 그런 와중에 진사왕은 구원이란 숲으로 사냥을 나갔다가 갑자기 세상을 떠나고 맙니다. 전쟁 패배의 책임을 지고 자결했는지, 불만을 품은 귀족들에게 살해되었는지는 알려져 있지 않답니다.

진사왕이 등극한 지 7년여 만에 죽자, 17대 아신왕이 왕위를 이어받게 됩니다. 그는 침류왕의 맏아들이었는데, 일찍이 한성의 별궁에서 태어날 때 신비한 서광이 비쳤다고 합니다. 아신왕은 두뇌가 매우 총명했고, 매사냥과 말타기를 좋아하는 등 활발한 성격을 지녔었다고 해요. 하지만 그는 고구려의 광개토대왕 앞에 무릎을 꿇었던 부끄러운 기록을 남긴 왕이었어요.

396년에 광개토대왕은 군사를 이끌고 와서 백제의 도읍을 함락시켰어요. 엄청난 고구려의 힘 앞에 백제는 굴복할 수밖에 없었지요. 이때 아신왕은 앞으로 백제가 영원히 고구려의 노예가 되겠다는 치욕적인 맹세를 한 뒤에야 목숨을 건질 수 있었답니다. 그때 광개토대왕은 왕의 아우와 신하 등 1천여 명을 인질로 끌고 갔습니다.

한 나라의 임금으로서 씻을 수 없는 치욕을 겪은 아신왕은 복수를 꿈꾸며 전지 태자를 일본에 볼모로 보내 구원병을 요청했답니다. 그리하여 일본에서 구원병이 도착하자, 1년 뒤 고구려를 치기 위해 한산에까지 진군했고, 계속 군대를 늘리려고 백성들을 징발했어요. 그러자 많은 사람들이 두려워하며 신라로 도망치기까지 했습니다.

알면 재미있는 이야기

금동미륵보살반가사유상(국보 제83호)

금동미륵보살반가사유상

이 불상은 국내 최대의 금동제 반가상으로, 우리나라 불상 조각 가운데 최우수작으로 손꼽힌답니다. 신라 시대의 작품인 국보 제78호 금동보살반가사유상과 비교하면 옷의 문양이 간략해지고 조각이 더욱 세련되었다는 평가를 받고 있어요. 또 조각의 사실성이나 입체적 표현 방식에서도 더욱 진전되어 있다고 합니다.

머리에는 작고 간소한 삼면관을 썼는데, 얼굴은 풍만하고 눈을 반쯤 뜬 채 자비로운 미소를 짓고 있지요. 코도 오똑하고 목걸이도 하고 있답니다. 상반신은 나신이고, 하체를 덮은 의상은 매우 얇아요. 그래서 인체의 각 부분이 뚜렷이 나타나고 있지요.

앞면에 있는 옷의 주름은 조각의 부드러운 느낌을 더욱 상승시키고 있어요. 발 밑에는 다리를 올릴 수 있는 의자가 있지요. 그림에서 볼 수 있듯이, 몸의 각 부분이 알맞은 비례를 가지고 있어서 너무나 아름답고 신성해 보인답니다.

백제설화 | 효자와 조석다리

　백제 시대 때의 일이었어요. 지금의 부여군 남면 신흥리에는 일찍이 아버지를 여의고 홀어머니를 모시고 사는 젊은이가 있었지요. 그의 집은 너무너무 가난했으며 늙은 어머니마저 병환으로 누워 있었어요. 날품팔이로 하루하루를 연명하던 젊은이는 언제 돌아가실지 모르는 어머니에게 약 한 첩 제대로 못 해 드리고 맛난 고기 반찬 한번 못 해 드리는 것이 늘 가슴 아팠답니다.

　그러던 어느 날이었지요. 젊은이가 일을 마치고 집에 돌아오던 길에, 시냇가를 건너다 문득 다리 아래를 내려다 보았어요. 그런데 거기에는 물고기들이 옹기종기 모여 퍼덕이고 있는 것이 아니겠어요? 젊은이는 눈이 번쩍 뜨였어요.

　"아, 저 고기를 잡아다가 어머니께 끓여 드리면 되겠다."

　그는 얼른 집으로 달려가 채와 바가지를 들고, 다시 다리 아래로 내려갔어요. 그리고는 물을 막은 다음 고기를 건졌어요. 젊은이는 한 바가지 정도의 물고기를 잡을 수 있었답니다.

　"이만하면 어머니가 드실 만하겠네."

　젊은이는 더 이상 욕심내지 않고 집으로 돌아와서 고기를 끓여 어머니께 드렸어요. 오랜만에 고기 국물 맛을 본 어머니는 맛있게 한 그릇을 비웠지요. 다음 날 아침, 젊은이가 다리 아래로 가 보니 이상하게도 막아 놓은 웅덩이에 어제와 같은 양의 물고기들이 퍼덕이고 있었어요. 그는 기뻐하며 그 물고기를 잡아 어머니께 아침을 차려 드린 뒤 일을 나갔답니다. 그런데 해가 진 후 그 곳에 가 보니, 이상하게도 또 아침만큼 물고기가 모여 있는 것이 아니겠어요? 그래서 젊은이는 아침 저녁으로 어머니께 물고기 반찬을 대접해 드릴 수 있었답니다.

　그렇게 수많은 날들이 계속되었어요. 병환이 깊었던 어머니는 물고기 반찬을 드시면서 점점 기력을 되찾기 시작했답니다. 신이 난 젊은이는 비가 오나 눈이 오나, 하루도 빠지지 않고 아침 저녁으로 다리 밑에 가서 아무리 잡아도 줄지 않는 물고기를 잡아 어머니를 봉양했어요.

　이렇듯 지극한 효성 덕분에 마침내 어머니는 건강을 회복하게 되었어요. 어느 날 어머니가 허리를 펴고 벌떡 일어서자, 젊은이는 기뻐하며 또 다리 밑으로 달려갔지요. 그런데 기이하게도 그렇게 끊이지 않던 물고기가 그때부터는 한 마리도 보이지 않았다고 합니다. 그 후 사람들은 그 다리를 효자가 아침 저녁으로 찾아왔다고 해서 '조석다리' 라고 불렀답니다.

왜국의 볼모였던 전지왕

(재위 : 405~420년)

아신왕이 405년에 세상을 떠났을 때, 후계자인 전지 태자는 왜국에 볼모로 가 있었어요. 아신왕이 광개토대왕에게 치욕을 당한 뒤, 왜국에 군사를 빌리면서 동맹의 징표로 맏아들 전지를 보냈기 때문이었지요.

갑자기 왕위가 비게 되자, 아신왕의 동생인 훈해는 대신 나라를 다스리면서 전지

태자가 돌아오기만을 기다렸답니다. 그런데 그의 동생 설례는 생각이 좀 달랐어요. 그는 오래 전부터 왕위를 탐내고 있었으므로 태자가 돌아오기 전에 훈해를 제거하고 왕위에 오를 생각이었지요.

"태자가 언제 올 지 기약이 없으니, 형님이 왕위에 오르시지요."

설례는 틈만 나면 훈해에게 이렇게 부추겼어요. 만일 훈해가 그 말에 욕심을 품고 왕위에 오르면 왕위를 빼앗았다는 명목으로 죽인 다음, 스스로 왕이 될 생각이었지요. 하지만 고지식한 훈해는 꿈쩍도 하지 않았어요.

"왕위는 반드시 맏아들이 이어받아야 한다. 그렇지 않으면 왕실이 문란해지고 조정의 기강이 흐트러지게 된다."

그러자 몸이 달아오른 설례는 참지 못하고 측근을 시켜 훈해를 살해한 다음, 왕위에 올랐어요. 권력을 위해 형제 간의 우애를 헌신짝처럼 집어던진 폭거였지요. 이에 몇몇 뜻 있는 신하들이 분개했지만, 설례를 따르는 무리들이 포악해서 함부로 나서지 못했어요. 이때 일본에 있던 전지 태자

는 아버지의 사망 소식을 듣고 슬퍼하며 왜왕에게 귀국을 간청했어요.

"부왕께서 갑자기 승하하셨으니, 맏아들인 제가 마땅히 장례를 치르고 싶습니다."

그러자 왜국의 왕은 자신들과 친분이 두터운 전지 태자가 백제의 왕이 되는 것이 여러 모로 유리했으므로 선선히 그를 보내 주었어요.

"태자께서는 하루빨리 백제로 돌아가십시오. 장례도 급하지만 왕위를 지키는 것이 더 중요한 일입니다."

그러면서 왜왕은 군사 백 명을 전지 태자의 호위병으로 딸려 바다를 건너가게 했어요. 그리하여 전지 태자는 일본에서 결혼한 팔수부인과 함께 백제로 향했어요. 팔수부인은 당시 임신 중이었는데, 훗날 그녀가 낳은 아들이 구이신왕이랍니다. 이윽고 태자 일행이 가락국을 거쳐 백제 땅으로 들어가려 할 때, 해충이란 신하가 달려와 길을 가로막았어요.

"태자 전하, 지금 백제 땅에 들어가시면 안 됩니다. 잠시 기다리십시오."

"그것이 대체 무슨 말이오?"

"숙부 설례가 섭정인 훈해 님을 죽이고 왕위를 빼앗았습니다. 그가 태자님을 노리고 있으니, 잠시 몸을 피하셔야 합니다. 아직 조정에는 충성스런 신하들이 있으니, 곧 좋은 소식이 있을 것입니다."

갑작스런 비보에 전지 태자는 앞일이 막막했어요. 하지만 자신이 거느린 백 명의 군사로는 설례의 군대를 이길 수 없었지요. 그래서 태자 일행은 다시 바다로 나가 남해안의 조그만 섬에 머물렀답니다.

전지 태자를 안전하게 대피시킨 해충은 곧 궁궐로 돌아가 군사를 모은 다음, 설례를 없앨 기회를 노렸어요. 그때까지 경계의 눈초리를 번득이고 있던 설례였지만, 밤이 되면 매일같이 심복들과 함께 술을 마셨답니다. 그러던 어느 날 취흥이 한창 무르익을 무렵, 궁성 밖에서 불길이 오르더니 천지가 떠나갈 것 같은 함성이 들려왔어요. 설례가 술에 취하기를 기다렸던 해충과 동료들이 행동을 개시했던 것이지요.

"반역자, 설례를 잡아라."

"태자께서 돌아오셨다. 왕위를 빼앗은 설례를 죽여라!"

우레와 같은 함성 소리에 궁궐이 무너질 것만 같았어요. 깜짝 놀란 설례는 주위 사람들에게 소리쳤어요.

"어서 저 도적들을 모두 잡아들여라!"

하지만 설례를 따르던 무리들은 지레 겁을 먹고 슬금슬금 자리를 뜨고 말았어요. 간악한 무리들은 권력을 즐길 줄은 알았지만, 목숨을 내걸 용기는 없었거든요. 결국 설례는 지켜 주는 사람 하나 없이 허둥지둥 도망치다가, 성난 백성들에게 사로잡혀 처참한 죽임을 당하고 말았답니다. 그러자 해충은 섬에 숨어 있던 전지 태자를 모셔와 왕위를 잇게 했어요. 바로 그가 백제 18대 임금 전지왕이랍니다.

전지왕은 해충에게 감사하며 달솔로 삼고, 한성의 벼 1천 석을 상으로 주었어요. 이로써 비류계 출신인 해씨가 그때까지 백제를 대표했던 진씨 세력을 누르고 백제의 실력자가 되었지요. 그렇지만 현명했던 전지왕이 자신의 이복동생인 신을 상좌평에 임명하여 권력이 한쪽으로 기울어지는 것을 막았어요. 상좌평이란 관직은 이때 처음 등장하게 된답니다.

이후 전지왕은 동진과 긴밀한 외교 관계를 유지해서 동진으로부터 진동장군 백제왕의 칭호를 받았고, 자신이 볼모로 있었던 왜국과도 매우 가깝게 지냈어요. 즉위를 축하하기 위해 야명주를 가져온 일본의 특사를 후하게 대접하고, 비단 열 필을 사은품으로 보내기도 했답니다.

전지왕의 뒤를 이은 19대 임금 구이신왕의 기록은 《일본서기》에 의해 대략적인 내용만이 전해질 뿐이랍니다. 구이신왕은 어릴 때 왕이 되었으므로 어머니 팔수부인이 대신 나라를 다스렸는데, 실권은 그녀와 가까운 관계였던 목만치라는 자가 좌지우지했어요. 목만치는 가야 지방을 다스리던 백제의 실력자였는데, 팔수부인과 가까워져서 권세를 쥐었지요.

구이신왕의 시대에 백제는 중국의 송나라와 가깝게 지내면서 황해의 해상무역권을 유지했고, 고구려의 팽창 정책을 저지하려고 노력했습니다. 송나라는 그 보답으로 구이신왕에게 진동대장군 백제 국왕이란 칭호를 주었답니다. 이와 같은 백제와 송나라의 친분은 당시 북조와 고구려가 합세한 강맹한 세력에 대항하기 위해서는 어쩔 수 없는 선택이었지요.

백제와 송나라 사이의 친교는 20대 임금 비유왕 대에도 계속되었어요. 비유왕은 구이신왕의 맏아들이라고도 하고, 18대 전지왕의 서자라고도 합니다. 비유왕 역시 왜국과 긴밀한 관계를 유지했고, 433년에는 신라와 동맹을 맺은 다음, 힘을 합쳐 남쪽으로 세력을 확장하려는 고구려에 대항했어요. 그것은 옛날 근초고왕과 신라의 내물왕이 화친을 맺었던 1차 나제동맹에 이은 2차 나제동맹이었지요.

비유왕은 재위 29년 만에 한강에 흑룡이 나타나자, 세상을 떠났다고 합니다. 이것은 곧 정변을 뜻하는 것이지요. 그리하여 비유왕의 사체는 오랫동안 들판에 방치되었고, 훗날 아들 개로왕이 즉위한 지 21년에 이르러서야 그 유골을 수습해서 장사 지냈다고 합니다. 기록에는 나타나 있지 않지만, 그 사이에 백제에서 커다란 사건이 있었던 건 분명한 것 같아요.

알면 재미있는 이야기

아내의 애타는 마음을 노래한 〈정읍사〉

'달하 노피곰 도샤, 어긔야 머리곰 비취오시라, 어긔야 어강됴리, 아으 다롱디리, 져재 녀러신 고요, 어긔야 즌데를 드욜셰라, 어긔야 어강됴리, 어느이다 노코시라, 어긔야 내 가논 졈그셰 라, 어긔야 어강됴리, 아으 다롱디리'

(전광용 번역)
달이여, 높이높이 돋우시어, 멀리멀리 비치십시오.
시장에 가 계시나요? 혹시 진 곳을 디딜까 두렵습니다.
어디에든지 놓고 계십시오. 나의 임 가는 곳에 날이 저물까 두렵습니다.

《악학궤범》에 실려 있는 이 노래는 현재까지 전하는 유일한 백제 가요랍니다. 또 우리나라 글자로 씌어진 가장 오래된 노래이기도 합니다. 어떤 학자들은 조선 시대의 시조가 이 노래에서 시작되었다고 생각하기도 하지요. 정읍이란 지금의 전주에 딸린 작은 고을인데, 그 고을 출신의 행상이 집을 떠난 지 오래 되었는데도 돌아오지 않자, 그의 아내가 산 위에 올라가 남편이 떠난 곳을 바라보며 안타까운 심정으로 부른 노래랍니다. 남편에 대한 아내의 지극한 사랑이 달에 의지해 잘 표현되고 있어요. 우리 민족에게 달은 사랑하는 사람을 지켜 주고 소원을 들어 주는 신앙이었지요.

백제 22담로를 찾아서

담로란 백제의 지방행정구역의 명칭인데, 한나라의 군현과 같은 지방지배조직으로 왕족 출신들을 파견해 다스린 일종의 식민지 제도예요. 최근 연구에 의하면, 백제는 한반도 안에 있던 작은 나라가 아니라 황해를 중심으로 중국 대륙은 물론 동남아시아 일부까지 경영했던 강대국이었던 것으로 밝혀지고 있답니다. 그 열쇠가 바로 담로제도지요. 중국의 역사책인 《양서》에는 백제가 22개의 담로에 왕족들을 파견해 다스리게 했다고 기록되어 있어요.

아직까지 학계에서 정설로 인정받지 않았지만, 백제는 서기 246년 고이왕 때 진충 장군으로 하여금 중국의 베이징 지역을 공략하여 백제군을 설치했고, 남쪽으로 계속 영역을 확장하여 지금의 하북성·산둥성·장쑤성·저장성 지역의 동부 해안을 차지했다고 합니다.

이때부터 시작된 백제의 중국 동부 해안 지배는 시기에 따라 영역에 차이는 있지만, 서기 588년까지 계속된 것으로 알려져 있어요. 또 남쪽으로는 탐라국(제주도)에서 시작해서 일본의 기타규슈를 잇는 항로를 통해 오키나와, 대만해협을 거쳐 필리핀에까지 세력이 뻗쳤다고 합니다.

1996년 9월 15일, KBS 1TV 〈일요스페셜〉에서는 신라 중심의 역사 기술로 인해 그 동안 소홀히 다뤄져 온 백제의 역사를 재조명하는 〈속 무령왕릉, 잊혀진 땅, 백제 22담로의 비밀〉이란 다큐멘터리가 방영되었어요. 여기에서는 백제만의 지방통치체제인 담로의 진실을 추적했어요.

다큐멘터리 제작진은 중국, 일본은 물론 동남아시아 전역을 뒤지며 백제 담로의 흔적을 찾았답니다. 그 결과 중국의 베이징에서 3천km나 떨어진 광시좡족 자치구에서 '백제향'이란 이름을 찾아냈고, 이 곳이 바로 중국의 역사책인 《송서》에 등장한 백제의 옛 영토 진평군이었음이 밝혀졌어요. 백제향의 중심 마을 이름은 백제의 옛터라는 뜻의 '백제허'였어요. 한편 이 마을에서는 우리나라 전남 지역에서만 볼 수 있는 맷돌과 외다리방아 등이 발견되기까지 했답니다.

그뿐이 아니에요. 지금의 중국 베이징과 톈진, 스자좡 지역에까지 백제의 흔적이 퍼져 있었고, 중국 역사책에 기록된 백제 태수들의 임지가 중국 동해안을 따라 선을 잇듯이 분포한다는 사실도 밝혀 냈습니다. 그러므로 중국 대륙에 있던 백제의 지배지가 베이징과 톈진 지역으로부터 지금의 저장성 지역까지 이어졌다는 것이지요.

또 남경박물관에 남아 있는 백제의 부흥군 흑치상지의 묘지명에서 그가 흑치 지역에 봉해지면서 원래 백제 왕족의 성씨인 부여씨를 버리고 흑치씨를 사용했다는 기록을 찾아 냈답니다. 이로써 담로제도를 통한 백제의 통치 지역은 흑치국으로 알려진 동남아시아 필리핀 일대까지 이어졌다고 볼 수 있는 것이지요.

도림에게 속아 나라를 망친 개로왕

(재위 : 455~475년)

백제 21대 개로왕은 고구려 장수왕과 한강 유역을 놓고 일전을 겨룬 임금이에요. 그는 왕위에 오르자마자, 왕권을 강화하고 북한산성에 군대를 배치하여 고구려의 침입에 대비했어요. 또 북위에 여러 차례 사신을 보내 고구려를 양쪽에서 공격하자고 제안했답니다. 하지만 북위가 그 제안을 거절하자, 조공을 끊는 등 단호한 태도를 보였습니다.

이때의 백제는 아신왕 때 광개토대왕으로부터 받은 타격으로 쇠약해졌던 국력을 회복해 고구려의 장수왕으로서도 무시하지 못할 군사력을 자랑하고 있었답니다. 자신감이 붙은 개로왕은 고구려의 남쪽 지방을 먼저 공격하기도 하고, 백제의 군사요충지인 청목령에 방어벽을 쌓기도 했어요.

이에 긴장한 장수왕은 섣불리 군사를 일으키지 못하고, 백제의 내정을 흐트러 놓기 위해 도림이란 승려를 간첩으로 파견했어요. 도림은 개로왕이 바둑을 좋아한다는 것을 알고 백제의 궁성으로 찾아가 개로왕에게 이렇게 말했어요.

"저는 고구려의 승려로 바둑에 일가견이 있는데, 대왕께서도 또한 그렇다고 하니, 한번 두어 보았으면 합니다."

개로왕이 도림과 마주 앉아 바둑을 두어 보니, 과연 천하제일의 고수였어요. 개로왕은 몹시 기뻐하며 그를 후하게 대접하고, 매일같이 바둑을 두었지요. 그렇게 자주 만나다 보니, 개로왕은 그의 인품과 학식에 반하게 되었어요. 도림은 바로 그런 기회를 노렸던 것이지요. 그는 어느 날 바둑을 두는 도중에 개로왕을 은근히 부추겼어요.

"제가 타국 출신이라 대왕께서 제 말을 들어주실지 모르겠지만, 이 곳 백제 땅에 와 보니, 한 가지 이해할 수 없는 점이 있습니다."

"그것이 무엇인가?"

"백제는 땅이 기름지고 사방이 산과 바다로 둘러싸여 있어 가히 하늘이

베풀어 준 땅이라 할 수 있습니다. 그러기에 주변의 나라들이 감히 넘볼 생각을 하지 못하고 있겠지요."

"그렇다고 할 수 있지."

"그렇지만 지나치게 하늘의 뜻에 의지하여 사람이 할 수 있는 일을 미루고 있는 듯 보입니다. 나라 안의 성곽은 다 허물어져 가고 대왕의 궁궐 또한 빗물이 샐 지경인데 이를 수리하지 않으니, 어찌 임금의 권위가 설 수 있겠습니까?"

"하긴 그렇군."

"그뿐만이 아닙니다. 선왕의 능은 허물어져 유골이 드러날 지경이고, 강둑은 낮아 큰 비만 오면 백성들의 집이 떠내려갈 지경입니다. 융성한 백제의 국력으로 어찌 이만한 일들을 해결하지 않는지 궁금합니다."

"하지만 큰 공사를 시작하면 백성들이 싫어한단 말이오."

"나라의 근본을 세우는 일에 반대하는 자는 곧 역적이 아니겠습니까? 백제는 대왕의 나라인데, 거리낄 게 무엇이겠습니까?"

이렇듯 교묘한 도림의 말에 개로왕은 결국 설복당하고 말았어요. 그래서 도림의 뜻대로 궁궐 공사와 선왕의 능 공사, 한강변에 둑을 쌓는 공사, 성곽 보수 공사 등 커다란 공사를 한꺼번에 시행하라고 신하들에게 명령했습니다. 이때 백제의 귀족들은 개로왕의 권위에 눌려 아무런 반대도 하지 못했답니다.

이윽고 백제 전역에서 수많은 백성들이 공사에 동원되었어요. 벽돌을 구워 성을 보수하고, 화려한 궁전을 짓기 시작했습니다. 또 선왕의 능을 거대하고 장엄하게 꾸미는 한편, 홍수 방지를 위해 강변에 긴 나무 울타리를 세웠는데, 그 규모 또한 장관이었답니다.

　이런 큰 공사에는 엄청난 돈이 드는 건 당연하겠지요. 그 때문에 얼마 지나지 않아, 백제의 창고는 텅텅 비게 되었어요. 그러자 개로왕은 백성들로부터 세금을 더 많이 걷어 비용을 충당하는 수밖에 없었어요. 이윽고 백성들은 개로왕을 원망하게 되었고, 귀족들이 등을 돌리자 군대의 기강 또한 흐트러져 반란의 기운까지 맴돌았답니다. 사태가 걷잡을 수 없게 되자, 당황한 개로왕은 자신을 부추긴 도림을 원망하게 되었습니다.

　"어서 도림을 잡아들여라."

　하지만 도림은 회심의 미소를 지으며 이미 백제를 빠져 나간 뒤였지요. 도림의 간계로 인해 개로왕은 부강하고 검소했던 백제를 허황되고 가난한 나라로 만들어 버렸던 것이에요.

　이윽고 고구려의 장수왕은 군사 3만 명을 거느리고 백제를 침공해 왔습니다. 사태가 급해지자, 개로왕은 태자 문주를 급히 신라로 보내 구원병을 청하도록 했어요. 하지만 고구려군의 움직임이 너무 빨랐어요. 백제의 지리에 밝은 재증걸루와 고이만년이란 장수 때문이었지요.

아차산성 터
백제가 고구려의 침략을 대비해서 쌓은 성으로, 사적 제234호로 지정되어 있다. 475년, 백제의 수도 한성이 고구려 장수왕이 보낸 대군에게 함락되었을 때 개로왕이 전사하고 아들인 문주왕이 신하와 유민들을 데리고 웅진으로 천도해 내려가자, 아차산성은 고구려 수중에 들어가게 된다.

두 사람은 본래 백제의 장수들이었는데, 사소한 죄로 개로왕에게 가혹한 형벌을 받은 적이 있었답니다. 그래서 풀려나자마자 고구려에 망명한 다음, 복수할 날만을 기다렸던 거지요. 그들은 백제 공격의 선봉장을 자원하여 잘 알고 있는 지름길로 고구려군을 몰고 온 것이었어요.

이윽고 한성을 포위한 두 장수는 수비가 약한 북성을 공격하여 7일 만에 함락시켜 버렸습니다. 그런 다음, 함께 남성을 맹렬히 공격해 왔어요.

궁지에 몰린 백제군은 신라의 원병을 기다리며 끈질기게 버텼지만, 거센 고구려군의 기세를 도저히 감당할 수가 없었답니다. 개로왕은 하는 수 없이 도성을 버리고 도망치다가, 재증걸루와 고이만년에게 사로잡히는 신세가 되었습니다.

두 사람은 옛 주인인 개로왕에게 절을 한 다음, 옛날의 죄를 다그치며 침을 세 번 뱉은 뒤, 아차산성으로 끌고 가 목을 베었어요. 개로왕은 한 나라의 왕으로서 비극적인 최후를 맞이할 수 밖에 없었지요.

뒤늦게 신라의 구원병 1만 명을 이끌고 온 문주는 이미 한성이 함락되고, 개로왕이 목숨을 잃었다는 소식에 넋을 잃었어요. 하지만 나라를 보전하는 일이 급선무였지요. 그래서 문주는 서둘러 왕위에 오른 뒤, 웅진으로 도읍을 옮겨 피폐해진 백제의 재건에 힘썼답니다.

알면 재미있는 이야기

백제와 고구려는 왜 그토록 많이 싸웠나요?

　　백제와 고구려의 뿌리는 부여였어요. 그래서 두 나라는 언어와 풍속까지 같았는데도 오랫동안 손을 잡지 못하고 으르렁거렸어요. 마치 오늘날 남북한이 서로 총 끝을 마주하고 있는 것과 같은 상황이었지요.

　　그렇게 적대시하던 두 나라가 서로 화해의 손을 내밀 즈음, 뿌리가 다른 신라와 당나라 연합군에 의해 멸망하고 말았어요. 흩어지면 망하고 뭉쳐야 사는 법, 역사에서 우리가 배워야 할 점은 바로 이런 것들이겠지요?

　　백제와 고구려는 4세기부터 6세기에 이르는 2백여 년 동안 치열하게 싸웠답니다. 두 나라가 서로를 얼마나 증오했는지는 414년에 세워진 광개토대왕릉비문에 잘 나타나 있어요. 신라의 이름은 그대로 쓰면서 백제는 '백잔'이라고 썼던 것이지요. 이것은 우리가 예전에 북한을 북괴라고 부르며 미워했던 것과 똑같은 뜻이에요.

　　이렇게 두 나라가 사이가 나빠진 원인으로는 서로가 부여의 정통성을 계승했다는 경쟁심 때문이었어요. 그들은 모두 첫 도읍지에 부여의 시조인 동명왕 사당을 모셨고, 상대국을 무시하는 태도를 취했지요. 그런 감정이 쌓여, 한 핏줄이면서도 죽고 죽이는 혈투를 벌이게 된 것이랍니다. 먼 친척보다 이웃사촌이 더 낫다고 생각하며 두 나라는 다른 나라와 연합해서 상대를 없애려고 갖은 노력을 다한 것이지요.

　　두 나라 사이에는 깊은 원한까지 생겨서 싸움을 멈출 수가 없었답니다. 백제의 근초고왕은 광개토대왕의 할아버지인 고국원왕을 죽였고, 고구려의 장수왕은 백제의 개로왕을 죽였어요. 그러니 한 하늘을 이고 살 수 없는 원수지간이 되었던 것이지요.

부여 정림사지오층석탑(국보 제9호)

부여 정림사지오층석탑

백제 시대 건립 당시의 명칭은 알 수 없지만, 정림사 경내에 외로이 서 있는 오층석탑은 오래 전부터 백제탑으로 불려 왔답니다.

백제가 나당 연합군에게 패망할 때, 사찰은 전화 속에 불타 버리고 오직 석탑만이 유일하게 살아남았어요.

탑은 잘 다듬어 마름질한 화강석재 149매를 맞추어 짜 올렸는데, 높이가 8.33m에 이릅니다.

한때는 탑에 새겨진 소정방의 비문으로 인해 소정방이 백제를 정복하고 세운 탑으로 잘못 알려져 있었어요. 하지만 최근 연구 결과, 그보다는 훨씬 시대가 오래 되었음이 밝혀졌답니다.

이 정림사지오층석탑은 백제에서 창안된 석탑의 효시이면서 새로운 양식으로 시도되어 성공한 기념비적인 작품으로 평가받고 있어요. 그리하여 현재 우리나라 국보 제9호로 지정되어 보호받고 있지요. 이 탑의 이름이 정림사지오층석탑으로 지어진 것은, 부근에서 발견된 고려 시대 기와에 찍힌 정림사란 절 이름에서 착안한 것이랍니다.

알면 재미있는 이야기

백제 초기의 유적, 풍납토성

서울특별시 송파구 풍납동에 있는 풍납토성은 초기 백제 시대의 토성이에요.

이 토성은 백제의 개로왕이 고구려 장수왕의 침공에 대비해서 쌓았다고 하는데, 백제 초기의 토성으로는 가장 규모가 크답니다. 1925년 대홍수 때 성 안쪽에 흘러내린 흙더미에서 유물이 발견된 것을 시작으로 수많은 토기들이 발견되었어요.

이 성은 군인들과 백성들이 함께 살았던 읍성의 성격을 띠고 있는 방어용 성이라고 합니다. 1963년 1월 21일 사적 제11호로 지정된 후, 1964년에는 서울대학교에서 유물 연구를 했고, 1978년 446m의 토성 일부가 복원되었지요. 그 후 1997년, 풍납동 일대 아파트 재건축 공사 현장에서 또 백제의 유물이 출토되어, 국립문화재연구소에서 긴급 발굴조사를 실시했답니다.

이때 백제 시대의 집자리 19기, 구덩이 40여기, 토기, 접시, 고기잡이 도구 등 여러 종류의 다양한 유물이 출토되었어요. 이를 통해 풍납토성에는 높은 지위의 사람이 모여 살았음이 밝혀졌지요. 때문에 풍납토성이 백제 시대의 첫 도읍인 하남 위례성일 가능성이 매우 높아졌답니다.

풍납토성

●3호 집자리
화재로 인해 급히 무너지면서 불에 탄 가구 조각들이 고스란히 주저앉은 채로 발견된 집자리로, 보존상태가 가장 좋아 백제 시대의 집 모양을 복원하는 데 귀중한 자료랍니다. 집안 면적이 20평에 달하는 것으로 보아 신분이 높은 사람의 집으로 추정되고 있어요.

●3호 집자리 출토 항아리
짧은 목항아리로 많은 모래가루와 운모, 돌가루 등이 섞인 흙으로 구워졌어요. 원형의 몸통에 새끼줄문양이 새겨져 있고, 그 위에 8줄의 가로줄과 격자문양이 새겨져 있답니다.

●풍납토성 내부 건물터
풍납토성 내에 있는 옛 백제의 건물터랍니다. 발굴조사하여 백제 시대의 주요유적으로 확인되어 사적으로 지정되었지요.

웅진 시대

동아시아의 문화대국으로 거듭나다

백제는 고구려 장수왕의 공격으로 도읍인 한성이 함락되고, 개로왕이 목숨을 잃으면서 멸망의 위기에 몰렸어요. 하지만 문주왕은 웅진으로 도읍을 옮겨 쓰러져 가던 백제를 되살려 내려고 애썼어요. 그 후 동성왕 때는 국력을 회복하여 북위와 전쟁을 벌이고, 요서 지역에 진출하는 등 대국의 면모를 갖추게 되었지요. 무령왕은 또 군사 부문은 물론이고 문화, 농업 부문에 이르기까지 굉장한 발전을 이룩해 냈어요. 당시의 찬란했던 백제 문화는 오늘날 무령왕릉의 유물로 생생하게 드러나고 있답니다. 이런 백제의 숨결은 최근 드러나고 있는 22담로의 진실로 더욱 빛을 발하고 있어요.

웅진으로 도읍을 옮긴 문주왕

(재위 : 475~477년)

22대 문주왕은 백제가 고구려에게 한강 유역을 빼앗긴 직후 즉위하여, 도읍을 웅진으로 옮긴 왕이에요. 그는 왕자로 있을 때부터 백제의 최고 관직인 상좌평으로 일할 정도로 명석한 인물이었어요. 하지만 고구려 장수왕의 습격으로 인해 한성이 함락 당하고 아버지인 개로왕이 죽자, 문주왕은 피난처였던 웅진을 새 도읍으로 정하고 어지러운 나라를 일으켜 세우는 데 온 힘을 쏟았답니다.

"여기서 포기할 수는 없어. 백제가 어떻게 세워진 나라인데……."

하지만 오랜 도읍이었던 한성을 잃은 백제는 그 상처를 쉽게 치유할 수 없었어요. 졸지에 본거지를 잃어버린 왕족 부여씨나 귀족 세력 해씨, 진씨 등은 오래 전부터 남쪽에서 자리잡고 있던 사택씨와 연씨 등 옛 마한계 세력들과 갈등을 빚었어요.

"나라를 망치고 내려와서 무슨 큰 소리야!"

지방의 귀족들은 이렇게 반발하며 그들의 세력을 인정하지 않았어요. 또 나라를 재건하려는 문주왕의 말도 잘 듣지 않습니다. 이런 분위기 속에서 문주왕은 점점 지쳐갔지요. 당시 유능하고 지혜로웠던 문주왕의 동생인 곤지가 열심히 형을 도왔지만, 그가 죽고 나자 이듬해 병관좌평 해구가 반란을 일으켜 문주왕을 살해하고 말았어요.

웅진으로 천도한 지 불과 3년만에 일어난 비극이었어요. 이후 해구는 권력을 틀어쥐고 백제의 주인 행세를 했답니다.

477년에 문주왕의 아들인 삼근왕이 13세의 나이로 왕위에 올랐지만, 실권을 쥔 해구의 허수아비로서 아무 일도 할 수 없었어요. 당시에 백제는 웅진의 토착 세력이던 마한 출신들이 새로운 지배층으로 등장하여 귀족들 간에 다툼이 극심했어요.

이런 과정에서 삼근왕 2년에 해구는 신흥 세력인 은솔 연신과 손을 잡고 스스로 왕이 되기 위해 대두성에서 반란을 일으켰답니다. 그러자 한성 시대부터 귀족이었던 진씨 세력 가운데, 진로란 사람이 앞장서서 반란을 진압했어요. 백제의 권력이 해씨에서 진씨로 자리바꿈하는 순간이었지요.

그리고 이듬해 삼근왕은 돌연 세상을 떠났어요. 기록에는 전하지 않지만, 새로 권력을 잡은 진씨 세력이 자신들의 입맛에 맞는 왕을 세우기 위해 정변을 일으킨 것으로 짐작되는 부분이지요.

알면 재미있는 이야기

공주 의당 금동관음보살입상 (국보 제247호)

공주 의당 금동관음보살입상

1974년 공주시 의당면 송정리 절터에서 출토된 금동관음보살입상이에요. 국립공주박물관에 소장되어 있는 25cm의 자그마한 백제 불상이지요.

조각 수법이 예리하고 중후한 기법을 보이는데, 이목구비가 예리한 둥근 얼굴엔 밝은 미소가 가득하며, 머리 위에는 삼면보관을 쓰고 있고, 정면에는 화불이 조그맣게 조형되어 있어서 관음보살임을 알게 한답니다. 오른손에는 줄기가 달린 연꽃 봉오리를, 왼손에는 정병을 들고 있지요. 천의는 어깨 위에서 시작하여 배꼽 아래에서 X자 형으로 교차해 내려오는데, 이는 삼국 시대 불상이나 보살상에서 흔히 볼 수 있는 의상이라고 합니다.

석웅

이 돌로 만든 곰은 화강암으로 되어 있는데, 공주 시내의 웅진동 곰사당 자리에서 수집된 것이에요. 전체적으로 마멸이 심해서 선명하지 않지만, 본래부터 강한 선으로 조각하지는 않았던 것으로 보입니다.

목을 움츠리고 머리를 약간 위로 향하였는데, 입은 다물고 양쪽 눈은 뜨고 있으며, 양쪽 귀는 뒤로 붙어 있어요. 앞다리를 세우고 뒷다리는 구부려 앉아 있는데, 발톱 등의 조각은 선명하지 않아요.

오래된 탓인지 동물상임은 알겠지만, 곰이라는 느낌은 쉽게 오지 않지요. 곰나루와 가까운 이 지역은 예로부터 곰과 관련된 지명이나 전설이 많이 남아 있고, 오늘날에 이르러서도 '곰'이 공주의 상징과도 같이 전해오고 있어요. 백제인들은 '돌곰'을 사당에 안치하여 제사를 지내며 신앙의 대상으로 삼았던 것 같아요. 석웅은 국립공주박물관에 소장되어 있답니다.

석웅

공주 송산리 고분군

송산리 고분군은 공주시 중심부에서 서북방으로 약 1km 지점인 금성동과 웅진동에 연접해 있는 송산소라는 지역의 남쪽 경사면에 있어요. 송산리 고분군에 있는 고분들은 바로 웅진 도읍기에 재위하였던 백제의 왕들과 왕족들의 무덤이랍니다.

공주 송산리 고분군

동쪽으로 수려한 공산성이 건너다보이고, 서쪽으로는 곰나루의 금강이 아늑하게 감싸 돌고 있으며, 남쪽으로는 충청남도의 명산인 계룡산이 눈앞에 펼쳐져 풍광이 뛰어난 이 곳은 가히 명당이라 할 수 있는 곳

알면 재미있는 이야기

송산리 고분군의 무령왕릉 내부

으로, 당시에 이미 사신사상에 따라 묘지를 선택하였음을 보여 주고 있지요.

지금까지의 발굴조사에서 밝혀진 고분들의 내부 구조는 크게 석실분과 전축분의 두 가지 유형이 있어요. 북방 상부에 동서 일렬로 늘어서 있는 4기의 고분과 남방 하부에 위치한 3기의 고분 중 동남쪽의 5호분은 현실과 현실로 들어가는 길인 연도를 네모꼴로 다듬은 돌로 축조한 석실분이고, 남방 하부의 나머지 두 고분, 즉 무령왕릉과 6호분은 벽돌로 쌓은 전축분이에요.

그 가운데 1971년에 우연히 발견되어 발굴조사된 무령왕릉은, 찬란했던 백제 문화의 진수를 유감 없이 드러내어 세인의 이목을 집중시켰을 뿐만 아니라 지금도 국내외 학계의 백제 문화 연구에 활력을 불어 넣어 주고 있답니다.

백제는 어떻게 바다를 정복했나요?

백제는 한반도의 서쪽과 황해의 많은 섬들을 영토로 가지고 있었어요. 그 후 나라가 발전하면서 바다를 통해 중국 대륙에까지 힘을 뻗치게 되었지요. 왕실의 사냥터로 유명한 강화도는 물론이고, 한반도의 서남해안에 있던 15개의 섬은 모두 백제의 행정 지배를 받으면서 기항지 역할을 했답니다.

이 곳을 토대로 한 백제의 해외 경영은 다양한 인종의 거주와 물산의 집중을 가져왔어요. 그래서 《수서》에서는 "(백제에는) 신라, 고구려, 왜인들이 나라 안에 섞여 있으며 중국인도 있다."라고 씌어 있어요.

백제는 일찍부터 동아시아 해상교역의 중심지로 성장해 신라, 고구려, 왜, 중국인들이 함께 거래하는 국제화 시대를 일찍부터 이루었다고 볼 수 있는 것이지요. 백제의 승려가 인도에 들어가 불경을 가져오기도 하고, 왜국과 독자적으로 교섭을 시도한 곤륜의 사신을 바다에 던져 버렸다는 기록들을 보면, 백제가 얼마나 활발하게 교역활동을 했는지를 알 수 있답니다.

그 후 황해를 토대로 한 백제의 해상영역은 더욱 넓어져 갔어요. 백제의 동남아시아 항로는 금강에서부터 서해안을 돌아 제주도와 일본의 오키나와를 중간 기항지로 하면서 대만해협을 통과, 중국 남부 연안의 복주와 인도차이나 반도를 거쳐 인도에 이르는 길고 긴 바다 위의 실크로드였어요.

554년, 백제가 왜에 보낸 물품 가운데는 탑등이 있는데, 이것은 양털을 주재료로 하는 페르시아 직물로, 북인도 지방에서 산출되는 물품이에요. 또 일본 나라 시에 있는 백제계 후지노키 고분에서 발견된 안장에는 남방 동물인 코끼리가 새겨져 있어요. 이 안장이야말로 중국 대륙과 한반도, 일본 열도 및 동남아시아 지역과 연결되는 6세기 백제 문화의 국제성을 압축해 주는 증거랍니다.

백제의 영광을 꿈꾸었던 동성왕

(재위 : 479~501년)

 동성왕은 문주왕의 동생인 곤지의 둘째 아들로, 이름은 '모대'였어요. 어릴 때부터 담력이 뛰어나고 활을 잘 쏘았다고 합니다.

그는 삼근왕 때 일어난 해구의 반란을 진압하고 정권을 잡은 진씨 세력에 의해 왕으로 추대되었어요. 그때의 나이가 불과 14세였으니, 귀족들은 그 역시 허수아비 왕으로 만들 생각이었던 것 같아요. 그렇지만 동성왕은 만만치 않은 인물이었답니다.

그는 웅진으로 도읍을 옮기고 나서 생긴 정치적 불안을 없애고, 왕권을 강화하기 위해 여러 가지 조치를 취했어요. 우선 금강 유역에 있던 사씨, 연씨, 백씨 등의 신진 귀족 세력들을 중앙귀족으로 삼아 한성에서 내려온 해씨, 진씨 등의 힘이 강해지는 것을 막았어요.

물론 즉위 초기에는 해구의 반란을 앞장서서 진압한 진남이 병관좌평이 되었고, 해구를 제거한 진로가 덕솔이 되어 군사를 지휘하는 등 진씨 세력이 조정을 지배했어요. 하지만 동성왕은 즉위한 지 6년이 되자, 내법좌평

시약사를 남제에 사신으로 보내고, 8년에 백가를 위사좌평에 임명했으며, 19년에는 달솔로 있던 연돌을 병관좌평에 임명하는 등 차츰 진씨 일족의 영향력은 물리치고 자신의 독자적인 세력을 구축해 나갔답니다.

당시 동아시아의 정세는 고구려, 신라, 북위가 동맹을 맺었고 백제, 왜, 남제가 동맹을 맺은 상황이었어요. 하지만 동성왕은 이런 틀을 깨고 백제, 신라, 가야와 새로운 동맹을 맺어 고구려의 남진 정책에 대항했습니다.

"우리가 친하게 지내지 않으면 고구려에게 당하고 말 것입니다."

485년, 동성왕은 신라에 사신을 보내 외교 관계를 맺었고, 493년에는 신라 이찬 비지의 딸을 왕비로 맞이하여 두 나라의 관계를 굳건히 했어요. 이후 신라가 고구려와 살수벌에서 싸우다 패하여 견야성이 포위되자, 구원병을 보냈지요. 또 고구려가 백제의 치양성을 공격해 오자, 구원병을 요

청하는 등 매우 가깝게 지냈답니다. 그와 함께 한성 함락 이후, 고구려 수군의 의해 가로막힌 서해의 해상교역로를 열기 위해 중국 남제에 사신을 파견하여 협력 관계를 맺었어요.

"고구려의 수군을 견제해야 우리 두 나라가 무역을 할 수 있습니다."

"맞는 말이오. 우리가 바닷길을 지켜 주겠소."

백제가 이렇게 제안하자, 이에 남제가 화답했어요. 이렇듯 나라 밖의 문제를 잘 해결해 나갔던 동성왕은 새 도읍 웅진에 궁궐을 짓고 나성을 쌓아, 한 나라의 도읍으로 부끄럽지 않은 모습을 갖추었어요. 또 도성을 방어하기 위해 주변에 우두성과 사현성, 이산성을 쌓았고, 가림성에 중앙관리를 파견하여 통제를 강화했답니다.

또 동성왕은 탐라국이 조공을 바치지 않자, 직접 군대를 이끌고 지금의 광주인 무진주까지 진군하면서 겁을 주기도 했습니다. 그렇게 동성왕은 개로왕 이후, 약화된 백제의 왕권을 회복하기 위해 애썼지요.

동성왕 말기에는 그가 옛 귀족들을 견제하기 위해 받아들인 신진 귀족들의 힘이 세어졌어요. 그래서 그중에 가장 강력했던 위사좌평 백가를 가림성주로 좌천시켜 그의 세력을 약화시키려 했습니다. 하지만 이는 백가를 비롯한 귀족 계층의 거센 반발을 불러 왔어요.

그리하여 동성왕은 지금의 부여인 사비원에서 사냥을 나갔다가 백가가 보낸 자객에 의해 목숨을 잃고 말았답니다. 위대한 임금의 안타까운 최후였지요. 하지만 동성왕은 쇠약해진 왕권을 강화시켰고, 백제를 중흥시킨 큰 인물이었답니다. 그의 업적으로 인해 백제는 무령왕과 성왕대의 번영을 구가할 수 있었던 것이지요.

알면 재미있는 이야기

동성왕의 대륙 경영설

어린이 여러분, 이제 우리들은 교과서에서 배우지 못했던 백제 동성왕의 대륙 정벌기를 살펴보기로 해요. 동성왕이 고구려의 광개토대왕에 버금가는 정복군주였다는 사실이 최근 학자들의 연구에 의해 밝혀지고 있어요. 그 진실은 과연 무엇이었을까요?

《삼국사기》백제본기 동성왕조에는 다음과 같은 이상한 기록이 나타나 우리의 눈을 휘둥그렇게 합니다. 그것은 바로 동성왕 10년인 488년에 백제가 북위와 전쟁을 치렀다는 내용이지요.

"위나라에서 군사를 파견하여 침입하였으나, 우리 군사에게 패했다."

북위는 투르크족 계통의 탁발씨에 의해 지금의 황하 북부, 만리장성의 아래쪽인 산동반도 북쪽 지역을 지배했던 유목민족이에요. 386년에 건국되어 535년에 멸망할 때까지 남쪽 송나라와 중국 대륙을 나누어 지배했던 나라지요.

당시 북위는 백제가 아니라 고구려와 국경이 맞닿아 있었으므로 육지를 통해 백제를 공격하는 것은 불가능했어요. 또 산동반도는 송나라가 지배하고 있었으므로 바다를 건너와 공격하는 것도 불가능했지요. 그런데 어떻게 이런 기록이 있을 수 있을까요?

이러한 의문은 백제가 이미 요서 지방에 진출해 있었다는 사실로 풀릴 수 있었습니다. 중국의 《자치통감》이라든가 《양서》, 《구당서》 같은 중요한 역사책에도 백제가 중국 대륙에 진출했다는 기록이 굉장히 많이 실려 있답니다. 우선 송나라의 역사책인 《송서》 백제전부터 보도록 하지요.

"백제는 본래 고구려와 함께 요동의 동쪽 천여 리에 있었는데, 고구려가 요동을 공격하여 차지하자 백제도 요서를 공격하여 차지했다. 백제가 다스린 곳은 진평군 진평현이다." 《송서》 백제전

"백제는 후에 점점 강하고 커져서 여러 나라를 병합하였다. 백제는 본래 고구려와 더불어 요동의 동쪽에 있었다. 진나라 때에 고구려가 이미 요동을 점령했고, 백제도 역시 요서와 진평 2군을 점거 소유하였다." 《양서》 백제전

"백제의 영토는 서로는 양쯔 강 연안에 이르고, 북으로는 발해를 건너 고구려에 이르며, 남으로는 바다를 건너 왜에 이른다." 《구당서》 백제전

"북위가 병력을 보내 백제를 공격하였으나 백제에게 패했다. 백제는 진나라 때부터 요서와 진평 2군을 차지하고 있었다." 《자치통감》

이러한 기록들은 백제 4세기의 근초고왕, 근구수왕 때 중국 대륙에 진출하여 요서, 진평 등지의 땅에 백제의 식민지를 설치했다는 증거가 된답니다. 이런 상황을 근거로 동성왕의 이야기를 계속해 보기로 해요.

488년, 북위는 백제가 차지하고 있는 하북성과 산동반도 일대를 공격해 왔어요. 그러자 동성왕은 친히 군대를 이끌고 서해를 건너가 남제의 군대와 연합하여 싸웠지요. 이 전쟁은 매우 큰 싸움이었지만, 백제는 당당히 북위를 물리쳤답니다. 그리고 전공을 세운 장군들을 공에 따라 식민지의 태수로 삼았지요.

이에 북위의 고조는 489년, 남제의 무제에게 특사를 보내 화해를 청했고, 490년에는 서로 사신을 파견하여 우의를 다졌어요. 이윽고 백제와 남제의 동맹이 풀렸다고 여긴 북위는 10만 대군을 동

알면 재미있는 이야기

원해 산동성에 주둔하고 있던 백제군을 공격했답니다. 하지만 동성왕이 지휘하는 백제군의 반격을 받아 대패하고 말았지요. 이때의 기록이 《남제서》에 실려 있어요.

"이때 위나라가 또 기병 수십만을 일으켜 백제를 공격하여 그 경내에 들어왔다. 백제왕 모다가 장군 사법명, 찬수류, 해례곤, 목간나를 파견했다. 이들이 백제군을 이끌고 위나라 군을 공격하여 크게 격파했다."

이후 남제는 내부의 혼란으로 인해 국력이 쇠약하게 되었고, 북위의 문제는 수도를 지금의 북경 부근인 평성에서 멀리 떨어진 낙양으로 옮겼어요. 이때의 승리로 백제는 산동반도와 제남 지역을 70여 년간 다스렸답니다.

한편 낙양에서 전열을 정비한 북위는 494년에 대군을 동원하여 남제와 백제를 동시에 공격해 왔어요. 초기에는 북위가 연승을 거두었지만, 전쟁을 벌인지 21일 만에 백제군의 역습을 받아 북위군은 장군 풍탄이 전사하는 등 대패하고 도망쳤답니다. 3년 뒤에도 북위는 다시 20만 대군을 동원해 전쟁을 벌였다가, 백제와 남제의 연합군에게 참패했어요.

이처럼 동성왕은 488년부터 498년까지 10년 동안 무려 5회에 걸쳐 북위와 큰 전쟁을 치렀고, 그 결과 하북성과 산동반도, 양자강 일대를 잇는 거대한 백제 식민지를 건설했어요. 반대로 북위는 국력이 크게 약화되어 한동안 백제를 자극하지 않았답니다.

그 후 동성왕은 산동반도의 고도 래주에 수도 '거발성'을 세웠고, 500년에는 그 안에 '임류각' 이라는 궁궐을 지은 다음, 10년 동안 그 곳에서 머물렀어요. 그러자 웅진에 있던 귀족들은 왕의 귀환을 애타게 요청했어요. 왕이 자리를 비운 동안 그들의 정치적 입지가 크게 줄어들고 있었으니까요. 하지만 동성왕이 이를 들은 체 만 체하자, 그들은 위사좌평 겸 가림성주인 백가를 거발성으로 파견했어요.

　백가는 동성왕에게 간곡히 웅진으로 돌아갈 것을 청했지만, 이를 거절당하자 화가 나서 동성왕을 시해하고 말았답니다. 그리하여 중국 대륙을 경영하려던 정복군주 동성왕은 불과 37세의 젊은 나이로 재위 23년 만에 비극적인 최후를 맞이하고 말았지요.

　이와 같은 동성왕과 북위 간의 전쟁이나 백제의 대륙 경영설은 아직 역사학계에서 공인받은 사실은 아니랍니다. 비록 중국의 역사책과 우리나라의 역사책에도 일부 기록이 남아 있기는 하나, 아직도 여러 가지 증명되어야 할 내용들이 많으니까요. 하지만 우리는 지금까지 밝혀진 사실만으로도 부여의 후예인 백제가 한반도 서쪽에 웅크린 작은 나라가 아니라 바다와 대륙을 넘나들던 대제국이었다는 것을 알 수 있어요. 앞으로 승리자들이 감추어 둔 패배자들의 위대한 역사적 진실을 캐내면 캐낼수록 우리 민족은 더욱 자부심을 갖게 될 거예요.

엄청난 보물과 함께 잠든 무령왕

(재위 : 501~523년)

무령왕의 이름은 '사마', 혹은 '융'으로 동성왕의 둘째 아들이에요. 그는 키가 8척으로 매우 컸으며, 용모가 준수하고 성품이 매우 인자한 인물이었어요. 무령왕은 501년, 동성왕이 암살된 직후 곧바로 즉위하였는데, 즉위 이듬해 한솔 해명에게 명하여 백가를 토벌하도록 했어요.

"신하로서 감히 왕을 살해하고도 뻔뻔스럽게 살아 있다는 건 우리 백제의 수치다. 네가 백가를 잡아 죄를 묻도록 하라."

"삼가 명을 받들겠습니다."

해명은 수많은 군대를 이끌고 가림성으로 달려갔어요. 백가는 해명의 뛰어난 전술을 당해 내지 못하고 연전연패하다가 결국 항복했답니다. 그가 도성으로 잡혀오자, 무령왕은 목을 베어 억울하게 죽은 부왕의 원한을 풀어 주었지요.

당시 백제는 고구려와 말갈족의 침입을 적절하게 막으며 백제의 발전을 도모하고 있었어요. 501년, 무령왕은 달솔 우영을 보내 고구려의 수곡성을 공격했고, 2년 뒤에는 마수책을 태우며 고목성을 침공한 말갈족을 격퇴했어요. 이후 말갈이 수차례 공격해 오자, 무령왕은 507년에 고목성 남쪽에 장령성을 쌓아 방비를 튼튼히 했답니다.

그 뒤에도 고구려와 말갈족의 공격은 끊이지 않았습니다. 같은 해 고구려 장군 고로가 말갈족과 합세하여 한성 쪽으로 쳐들어왔으며, 512년에는 가불성과 원산성을 공격했어요. 이때 무령왕은 직접 삼천 명의 군사를 거느리고 위천 북쪽으로 진출해서 고구려군을 격퇴했답니다. 또 523년에는 좌평 인우와 달솔 사오로 하여금 한강 이북 마을에서 15세 이상의 장정을 선발하여 쌍현성을 쌓게 했습니다.

이처럼 무령왕은 고구려, 말갈족과 맞서면서 중국 남조의 양나라와 외교 관계를 맺었어요. 그와 함께 일본에 오경 박사를 보내 백제의 뛰어난

선진 문화를 전파했답니다. 무령왕이 현군으로 이름이 높은 것은 이런 군사적인 면보다는 백성들을 사랑하는 정책을 펼쳤기 때문이에요. 그래서 백성들 또한 왕을 믿고 따랐던 것이지요.

"우리 나랏님은 정말 현군이셔."

"암, 그렇고 말고. 백성들을 위해 참 많은 일을 하시거든."

무령왕은 506년에 흉년이 들자, 창고의 곡식을 풀어 백성들을 구제했으며, 510년에는 홍수 피해를 줄이기 위해 제방을 쌓았어요. 또 방랑자들을 잡아 고향으로 돌려보내 농사를 짓게 했답니다. 이런 정책으로 인해 백제는 농업이 발달하게 되었고, 그와 동시에 우수한 철제 농기구가 많이 보급되었어요. 또 중국 화남 지방의 벼 농사법을 처음 들여와 시행하기도 했습니다.

무령왕은 즉위 23년인 523년에 62세의 나이로 세상을 떠났어요. 오늘날 그는 생전의 업적보다는 그의 능에서 발견된 보물로 인해 더 유명해진 왕이기도 하답니다.

무령왕릉(왼쪽)과
무령왕릉 매입문서(오른쪽)

엄청난 보물과 함께 잠든 무령왕

알면 재미있는 이야기

▎백제의 혼이 살아 숨쉬는 무령왕릉

충남 공주시 금성동에 있는 무령왕릉은 웅진 시대 백제의 고분들로 이루어진 송산리 고분군 안에 속해 있어요.

1971년 발굴 당시 발견된 지석에 의하면, 무령왕은 523년 5월에 사망하여 8월에 왕릉이 안치되었고, 왕비는 526년 11월에 사망하여 이듬해 2월에 안치되었어요. 이 왕릉은 무령왕이 죽기 11년 전인 512년에 이미 준비되었다고 합니다.

무령왕릉에서는 108종 2,906점에 이르는 유물이 나왔고, 그중 12종 22점이 국보로 지정되었다고 하니, 얼마나 귀한 보물인지 알겠지요? 그 가운데 특히 지석은 삼국 시대 고분 가운데 처음으로 무덤의 주인과 축조연대를 알 수 있게 해 주었답니다. 그것은 오늘날 백제를 연구하는 데 있어 귀중한 자료가 되고 있어요. 그럼, 무령왕릉에서 발견된 국보 몇 가지를 살펴보도록 해요.

●금제관식〈왕〉 - 왕의 금관장식(국보 제154호)
이 금관장식은 높이는 각각 30.7cm, 29.2cm이고, 너비는 각각 14cm, 13.6cm로, 왕의 머리맡에서 거의 포개진 상태로 발견되었어요. 관 자체는 섬유로 만들어졌으므로 오랜 세월이 지나는 동안 썩어서 사라졌고, 한 쌍의 장식만 남은 것이지요. 이 금관장식은 순금판을 오려서 만든 것으로, 마치 불꽃 같은 인상을 주고 있어요. 아래쪽 끝부분에는 금관과 장식을 연결시키는 2개의 작은 구멍이 뚫려 있지요. 《구당서》에는 '백제의 왕은 검은 비단관을 쓰고 금꽃으로 장식했으며, 신하들은 은꽃을 사용했다.'라고 씌어 있는데, 이 금관장식을 보면 그 기록이 거짓이 아님이 증명된답니다.

●금제심엽형이식〈왕〉 - 왕의 황금귀걸이(국보 제156호)
이 귀걸이는 왕의 목관에서 발견된 것으로 보아, 무령왕이 착용했던 것으로 보입니다. 옛날에는 임금들도 귀걸이를 해서 멋지게 자신을 치장했던 모양이에요. 이와 같은 귀걸이는 경상북도 경주시 노서동의 금령총에서도 발견되었다고 합니다.

●금제수식부이식〈왕비〉 - 왕비의 황금귀걸이(국보 제157호)
무령왕릉 조사 때 발견된 왕비의 크고 작은 두 쌍의 황금귀걸이랍니다. 아름다운 조형미와 세련된 백제 금은세공술을 엿볼 수 있는 작품이지요.

●금제경식〈왕비〉 - 왕비의 황금목걸이(국보 제158호)
목걸이는 왕비의 것인데, 아홉 마디로 된 것과 일곱 마디로 된 것 두 종류가 있답니다. 그 가운데 발굴 당시 일곱 마디의 목걸이가 아홉 마디의 목걸이 밑에서 겹쳐 나온 것으로 보아 안쪽에 착용했던 것으로 보여집니다. 이 목걸이를 보면 백제인들의 매듭 솜씨가 매우 뛰어남을 알 수 있답니다. 간단한 구조이면서도 매우 세련된 미를 보여 주고 있지요.

●석수 - 돌짐승(국보 제162호)
이 돌짐승은 진묘수라고 하는데, 악귀를 막고 사자를 보호하는 의미가 있으며, 중국 한나라의 풍습을 들여온 것으로 보입니다. 하지만 중국의 것은 대개 흙으로 빚는데 비해 돌로 새긴 것으로 보아, 백제인들의 뛰어난 손재주를 알 수 있어요. 돌짐승은 우리나라에서 발견된 가장 오래된 작품인데, 짧은 다리에 발가락이나 발톱의 표현이 명확하지 않고 오른쪽 뒷다리는 발굴 당시 이미 잘려져 있었지요. 머리에는 나뭇가지형의 철제 뿔이 산화된 채 꽂혀 있었는데, 묘실 밖으로 운반할 때 부러진 것을 다시 붙여 놓았답니다.

●지석 - 무령왕릉 토지매입문서(국보 제163호)
매지권이라고 부르는 토지매입문서로, 무령왕릉의 석수 앞에서 발견되었어요. 두 개의 지석 가운데 왕의 지석에는 출생년도나 경력에 관한 기록이 전혀 없고 장례에 필요한 기사만 적혀 있지요. 하지만 왕비 지석의 뒷면에 묘지매매계약에 관한 내용이 들어 있는 것으로 보아, 매지권임이 분명하답니다. 여기에는 53자가 새겨져 있는데, 무령왕릉을 조성하기 위해 토지신에게 돈 일만 문과 은 일 건을 주고 땅을 사서 묘를 만들었다는 내용이 적혀 있어요. 이것은 불교가 전래된 당시에도 백제의 왕실 행사에는 토속신앙이 남아 있었다는 증거가 됩니다.

●환두대도
환두대도란 머리가 둥근 칼인데, 길이가 82cm, 폭은 25.5cm로, 왕의 보검이에요. 무령왕의 좌측에서 발견되었는데, 손잡이 끝의 둥근 고리에는 용무늬가, 손잡이의 상하에는 거북등무늬와 봉황무늬, 인동무늬가 베풀어져 있어요. 손잡이 중심부는 뱀배무늬가 새겨진 금실과 은실을 교대로 빽빽하게 감아 장식했지요. 칼집은 나무에 칠을 해 만들었어요. 용과 봉황이 장식된 환두대도는 5세기 후반 이후 삼국 시대의 왕릉급 무덤에서만 한정적으로 출토되며, 이는 왕의 권위를 상징한답니다.

사비 시대

찬란하게 빛나던 백제, 저물다

성왕은 동성왕과 무령왕의 치적을 바탕으로 백제의 두 번째 전성기를 일구어 냈어요. 백제 문화는 그때 다시 한번 찬란하게 빛났고, 담로제를 정비하는 등 왕권을 강화했답니다. 한강 유역을 둘러싼 신라와의 분쟁으로 성왕이 관산성에서 목숨을 잃자, 백제는 쇠약해졌지만 무왕 때에 이르러 다시 안정을 찾고 태평성대를 누리게 되었어요. 그리하여 의자왕 때에 이르면 국력이 매우 강해져 주변국들을 떨게 만들었어요. 하지만 백제는 660년, 갑작스런 나당 연합군의 침공에 의해 멸망하고 말았답니다.

백제의 영광과 함께 스러져간 성왕

(재위 : 523~554년)

백제의 제26대 임금 성왕은 무령왕의 아들로, 이름은 '명농'이라고 합니다. 그는 몹시 지혜로웠고, 결단력이 있었을 뿐만 아니라 하늘의 도와 땅의 이치에 밝아 백성들의 칭송을 받았다고 합니다.

그는 동성왕과 무령왕이 웅진 시대의 정치 불안을 해소하고 이룩해 낸 강건한 나라 백제를 더욱 튼튼하게 만들었습니다. 자신감이 생긴 성왕은 사비 지역의 토착 세력인 사씨 가문의 지원을 바탕으로 도읍을 사비성으로 옮겼답니다.

"웅진 땅에서 재기에 성공했으니, 사비 땅에서 다시 백제의 영광을 이룩해야겠다."

사비성은 지금의 부여로 땅이 기름지고 백마강과 탄현이 있어 외부의 침략에도 잘 대비할 수 있는 천혜의 도읍지였지요. 하지만 성왕은 이런 수세적인 입장에서 천도한 것이 아니라 큰 나라로서의 위용을 갖추기 위해 도읍을 옮긴 것이었습니다.

성왕은 천도하자마자, 국호를 남부여로 바꾸었어요. 백제야말로 진정한 부여의 후손임을 선언한 것이었지요. 그렇지만 남부여란 국호는 여러 나라들과 교통하는 데 있어 불편했으므로 곧 백제란 이름을 다시 썼답니다.

성왕은 또 중국의 양나라와 친하게 지냈어요. 양나라로부터 기술자와 화가 등을 불러들여 백제의 문화 수준을 한층 끌어올렸지요. 또 인도에서 범어로 된 불경을 가져온 승려 겸익을 환대하고, 고승들을 모아 불경번역 작업을 시켰답니다.

한편 일본에 승려와 의학 박사, 역학 박사 등을 수시로 파견하여 뛰어난 백제의 문화를 가르쳐 주었어요. 이렇듯 문화 발전에 박차를 가할 수 있었던 것은 그만큼 나라가 풍요롭고, 외부의 침략에도 당당하게 맞설 수 있는 군사력이 있었기 때문이지요.

이와 더불어 성왕은 웅진 시대 때 부터 행해져 오던 관직을 고쳐, 지배 체제와 통치 질서를 확립했답니다. 중앙관제로는 1품 좌평에서 16품 극우에 이르는 16관등제와 전내부 등 내관 12부와 사군부 등 외관 10부로 된 22부제를 확립했어요. 또 지방통제조직으로는 담로제를 개편하여 전국을 동방, 서방, 남방, 북방, 중방의 5방으로 나누고, 그 밑에 7~10개의 군을 두었지요.

이렇듯 내부 질서를 정리하면서 성왕은 주변국들과 긴밀한 관계를 지속했어요. 예전부터 유지되어 오던 신라와의 동맹을 강화해서 고구려에 대항했고, 양나라와 일본을 잇는 무역과 문화 교류를 통해 백제의 국제적인 지위를 높였습니다.

"이제 선조들의 한을 풀어 드릴 때가 되었다."

성왕은 즉위 29년인 551년에 이르러, 고구려로부터 빼앗겼던 한강 유역

을 되찾을 마음을 먹었어요. 그래서 신라, 가야와 함께 지금의 서울 지방인 남평양을 공격해서 빼앗을 수 있었습니다. 그 결과, 백제는 한강 하류의 6군을 회복했고, 함께 공격한 신라는 한강 상류의 10군을 차지했어요.

이때 돌궐의 위협 때문에 남쪽에 신경 쓸 힘이 없던 고구려는 신라의 진흥왕을 꼬드겨 백제를 치게 했어요. 한강 하류 지역마저 탐이 났던 신라는 하루 아침에 나제동맹을 깨뜨리고 553년, 군대를 돌려 백제를 공격해 왔답니다. 그리하여 애써 수복한 백제의 옛 영토를 잃은 성왕은 배신감에 치를 떨었습니다.

"저 비겁한 신라를 가만히 두고서는 잠을 잘 수 없다. 반드시 복수하고야 말겠다."

하지만 많은 신하들이 반대했어요.

"지금 신라군은 강하고 용맹스러워서 쉽게 이길 수 없습니다. 때를 기다리십시오."

"그렇다고 우리 백제가 세상의 웃음거리가 되란 말인가? 그렇게는 할 수 없다."

화가 머리끝까지 치밀어 오른 성왕은 이듬해인 554년에 군사를 일으켜, 지금의 예천 지방에 있는 신라의 관산성을 공격했어요. 관산성은 신라가 새로 점령한 한강 하류 지역을 연결시켜 주는 매우 중요한 성이었지요.

이 싸움은 실로 양국이 국가의 운명을 걸고 치른 한판 승부였답니다. 전쟁 초기에는 각간 우덕과 이찬 탐지가 지휘하는 백제군이 연전연승하며 신라군을 몰아쳤어요. 그렇지만 신라의 신주군주인 김무력이 구원병을 이끌고 오자, 신라군이 힘을 얻기 시작했습니다.

그런 가운데 성왕에게 태자 여창이 지휘하는 백제군이 첫 싸움에서 승리했다는 소식이 들려왔어요. 본진에 있던 성왕은 군대를 독려하기 위해 기병 50기를 거느리고 한밤중에 전선으로 달려갔습니다. 그렇지만 그것은 커다란 실책이었어요. 첩자로부터 그 소식을 전해 들은 신라군은 구천에 복병을 두어 성왕 일행을 기습 공격했어요. 그리하여 성왕은 포로로 잡힌 뒤 살해되어, 신라의 북청 계단 밑에 묻혔다고 합니다.

갑작스런 성왕의 죽음이 알려지면서 백제군의 사기는 땅에 떨어지고 말았어요. 하지만 눈물을 씻을 틈도 없이 기세가 오른 신라군의 대공세가 시작되었어요. 그 결과 백제는 4명의 좌평과 3만여 명의 병사가 전사하는 엄청난 패배를 당하고 말았답니다.

이 싸움의 후유증은 심각했어요. 동성왕 이래 확립되었던 왕권이 쇠약해졌고, 싸움을 반대했던 귀족 세력이 권력을 얻어 나라가 어지러워졌지요. 또 나제동맹이 깨짐으로써 고구려와 백제, 신라의 끝없는 싸움이 시작되었고, 이

백제창왕명석조사리감(국보 제288호)
백제 중흥의 왕인 성왕이 죽은 후, 그의 위업을 기리기 위해 만든 것으로, 성왕의 아들인 창왕(위덕왕)에 의해 만들어졌고, 성왕의 딸이자 창왕의 여자형제인 공주가 사리를 공양하였다는 내용이 새겨져 있다.

는 훗날 백제와 고구려의 멸망으로까지 이어지게 된답니다.

554년, 성왕이 사망한 뒤 보위에 오른 위덕왕은 관산성 싸움에 대한 귀족들의 책임 추궁으로 인해 궁지에 몰렸어요. 그리하여 백제는 다시 왕권 중심에서 귀족 중심의 정치가 전개되기 시작했답니다.

그렇지만 위덕왕은 신라와 고구려에 대해서는 매우 강력하게 대항했어요. 즉위한 해에 웅천을 공격해 온 고구려군을 물리쳤고, 중국을 통일한 수나라에게 길잡이를 자청하며 고구려 침공을 부추기기도 했어요. 또 신라와는 끊임없이 국경에서 충돌했답니다.

598년에 위덕왕이 세상을 떠나자, 그의 동생 계가 백제 28대 혜왕으로 왕위에 올랐어요. 이때의 백제는 극도로 쇠약해졌고, 내부의 분열이 깊어만 갔어요. 한편 귀족들의 본거지이며 경제적 요충지인 황해 연안의 무역기지들이 고구려군에게 막혔고, 그 결과 신라보다 해상활동이 뒤지게 되었지요. 때문에 귀족들은 더욱 권력투쟁에만 골몰하게 되었어요.

이런 고립된 상황 속에서 혜왕은 왕위에서 2년을 버티지 못했습니다. 혜왕의 뒤를 이은 29대 임금 법왕도 마찬가지였지요. 그는 599년에 즉위하자마자, 살생을 금지하는 법령을 내려 민가에서 기르는 매를 놓아주게 하고, 고기잡이 기구나 사냥 도구를 거두어 불에 태우는 등 다분히 불교적인 시책을 펼쳤어요.

또 왕흥사라는 커다란 절을 짓는 등 불교의 힘을 빌어 나라를 부흥시키려 했답니다. 하지만 그 역시 아버지와 마찬가지로 2년을 견디지 못하고 살해되고 말았어요. 그것은 치열한 귀족들의 권력투쟁 가운데 빚어진 힘없는 왕들의 슬픈 운명이었습니다.

알면 재미있는 이야기

아스카 문화의 스승, 아좌 태자

아좌 태자는 백제의 27대 임금 위덕왕의 아들로서, 이름난 화가였어요. 579년에 일본으로 건너가 왜국 성덕 태자의 스승이 되었습니다. 그는 9년 앞서 건너간 백제의 화가 백가와 더불어 일본의 아스카 문화를 꽃피우는 데 결정적인 역할을 했다고 합니다.

아좌 태자는 당시 성덕 태자의 초상화를 그려 주었는데, 이 그림은 일본 동경박물관에 소장되어 있는 일본 역사상 가장 오래된 초상화로서 국보로 지정되어 있답니다.

그림은 주인공을 부각시키기 위해 성덕을 앞세워 크게 그리고 두 왕자는 작게 그렸는데, 마치 법당에서 세 불상인 삼존불을 모시는 것 같은 형식으로 되어 있어요.

머리카락은 귀의 뒷부분에서 고리 모양으로 말아 올렸고, 옷은 세 왕자가 똑같은 것을 입었어요. 옷은 상하의가 연결되어 있으며, 흘러 내릴 듯한 큰 주름이 마치 커튼처럼 늘어져 있는데, 허리에 요대를 매어 윗부분의 옷이 요대 위로 조금씩 늘어져 있답니다. 이와 같은 복장은 6세기 백제 왕실의 것과 같았으리라고 생각됩니다.

아좌 태자의 그림

백제설화 | 대조사와 미륵불 이야기

백제의 수도였던 사비성의 서남방을 방비했던 지금의 임천면 군사리 구읍의 진산인 성흥산성은 당나라 장수 소정방도 공격을 피했을 만큼 난공불락의 요새예요. 이 산성 안에는 성왕 5년부터 5년간이란 긴 세월에 걸쳐 창건하였다는 대찰 대조사와 석조 미륵입상이 있어요.

백제의 26대 성왕 때였어요. 당시 성흥산성의 산자락에는 커다란 바위 하나가 있었어요. 그 바위 아래 한 노승이 암자를 짓고 도를 닦고 있었지요.

어느 날 노승이 참선하는 도중에 잠이 들었는데, 꿈 속에서 황금빛을 띤 큰 새 한 마리가 서쪽에서 날아오더니 절터에 내려앉는 것이었어요. 그러더니 큰 바위를 향해 계속 날갯짓을 하는 것이 아니겠어요? 그러자 한 줄기 빛이 바위에 모이더니, 놀랍게도 미륵 부처님이 나타나는 것이었어요.

대조사 미륵불

잠에서 깬 노승은 이상하게 생각했어요. 그런데 매일 같은 꿈이 되풀이되는 것이었어요. 그제서야 하늘의 계시임을 깨달은 노승은 임천골의 성주에게 달려가 자신의 꿈 이야기를 했어요. 그러자 성주는 반신반의하며 산에 올라와 바위 앞에 섰답니다. 그 순간, 바위 전체가 황금덩어리인양 휘황찬란하게 빛나며 미륵 부처의 모습으로 보이는 것이었어요.

깜짝 놀란 성주는 그 자리에 엎드려 절한 다음, 성왕에게 이 소식을 전했어요. 마침 좁은 웅진을 떠나 넓은 사비 땅으로 도읍을 옮기고 싶어 했던 성왕은 그 자리에 큰 절을 짓기로 마음먹고 공사를 시켰어요.

그런데 계획한 절의 규모가 너무 커서 10년은 걸려야 완공될 것만 같았어요. 마음이 급해진 성왕은 인부들을 재촉하여 밤낮으로 일하게 했습니다. 그런데 신기하게도 밤이면 새들이 날아와 지저귀니 낮처럼 밝아지고, 지친 인부들의 피로가 말끔하게 가시는 것이었어요. 그래서 절의 공사는 5년 만에 끝낼 수 있었답니다.

성왕은 기뻐하며 절의 준공 법회에 참석했어요. 그런데 법회가 끝날 무렵, 한 마리의 큰 새가 나타나 서쪽 하늘로 날아갔어요. 그래서 성왕은 절의 이름을 '대조사'라고 지었답니다. 그 후 대조사는 백제를 지키는 호국사찰이 되었으며, 미륵 부처가 비쳤던 큰 바위는 고려 시대에 이르러 웅대한 미륵상으로 거듭나게 되었지요.

태평성대를 이끈 무왕

(재위 : 600~641년)

백제의 30대 임금 무왕은 기울어져 가는 백제를 다시 한번 힘차게 일으켜 세운 인물입니다. 그가 왕위에 올랐을 때 백제는, 앞서의 두 왕이 채 2년을 넘기지 못하는 등 여러 귀족들의 권력투쟁이 극에 달해 있었어요. 때문에 그들은 아무런 정치 기반이 없는 왕족을 찾아 허수아비 왕으로 세웠답니다. 하지만 무왕은 본래 뛰어난 인물이었으므로, 곧 왕권을 회복하고 마음껏 자신의 능력을 펼쳐 보였습니다.

《삼국유사》에는 유언비어와 같은 노래를 퍼뜨려, 신라의 선화 공주를 부인으로 얻은 서동의 설화가 나옵니다. 그 주인공이 바로 무왕이랍니다. 우선 그 이야기 속으로 들어가 보도록 해요.

백제의 도읍 남쪽에 있는 한 연못가에 젊은 과부가 살고 있었어요. 어느 날 그녀는 연못에 사는 용과 사랑을 나누어 아이를 낳았는데, 그 아이의 이름을 '서동'이라고 했어요. 재주가 뛰어나고 도량이 넓었던 서동은 집안이 가난했으므로 산에 올라가 마를 캐어 살림에 보탰어요. 서동이란 '마나 도라지를 캐는 아이'라는 뜻이지요.

　장성한 서동은 신라 진평왕의 셋째 딸인 선화 공주가 세상에서 제일 아름답다는 소문을 듣고, 그녀를 아내로 맞이하겠다고 결심했어요. 그래서 신라의 도읍 서라벌에 간 서동은 마를 나누어 주며 아이들을 꾄 다음, 자기가 지은 노래를 부르고 다니게 했답니다.

"선화 공주님은 남몰래 사귀어 둔 서동을 밤에 안고 간다네!"

　아이들은 서라벌 구석구석을 돌면서 신명나게 이 노래를 불렀어요. 곧 장안 구석구석까지 이 노래가 퍼졌고, 결국 대궐에까지 이 노래가 알려졌

습니다. 그러자 대신들은 행실이 단정하지 못한 선화 공주를 궁궐에서 내보내라고 진평왕에게 간청했어요. 왕은 딸이 누명을 쓴 것을 알았지만, 민심이 두려워 어쩔 수 없이 그녀를 귀양 보냈어요. 이에 왕비는 슬퍼하며 선화 공주에게 순금 한 말을 주었어요.

선화 공주가 귀양을 떠나는 도중에 서동이 나타나 길 안내를 자처했답니다. 늠름한 서동의 모습에 반한 공주는 그 청을 받아들였어요. 그리고 얼마 지나지 않아 두 사람은 사랑하게 되었지요. 그런 다음에야 선화 공주는 그가 노랫말에 나오던 서동인 것을 알게 되었답니다.

서동은 선화 공주를 백제로 데리고 갔어요. 이윽고 선화 공주는 왕비로부터 받은 금을 서동에게 내밀며 시장에 가서 팔아 오라고 일렀어요. 두 사람이 살 집과 가재도구 등을 마련해야 했으니까요. 그런데 서동이 금을 보고 고개를 갸웃하며 물었어요.

"이게 대체 무엇이오?"

"황금입니다. 이것만 있으면 평생 부유하게 살 수 있습니다."

"내가 어렸을 때 마를 캐던 곳에 이런 것들이 산처럼 쌓여 있소."

서동의 말을 들은 공주는 깜짝 놀라 말했어요.

"이것은 세상에 다시 없는 보배이니, 그 황금을 우리 부모님이 계신 궁궐로 보내도록 하세요. 그렇다면 우리의 결혼을 허락해 주실 것입니다."

"그렇게 합시다."

서동은 그 길로 마를 캐던 곳으로 가서 황금을 모아들였어요. 그런 다음 당시 술법으로 이름이 높았던 용화산 사자사의 승려 지명법사에게 청해 황금을 신라 궁궐로 보냈어요. 진평왕은 그 금을 보고 흡족해하며 서동과 선화 공주의 결혼을 승낙해 주었답니다. 이후 인심을 얻은 서동은 백제의 왕위에 올랐는데, 그가 바로 무왕이라고 합니다.

이 설화에서 서동이 용의 아들이라는 것은 그가 왕족이라는 뜻이랍니다. 또 황금을 캤다는 것은 장사나 무역을 통해 엄청난 부자가 되었다는 뜻으로도 해석할 수 있지요. 어쩌면 이 이야기는 별 볼일 없는 왕족이었던 서동이 나라의 혼란기를 이용해 큰 돈을 번 다음, 그 힘으로 선화 공주를 얻었고, 백제의 임금까지 되었다는 사실을 말해 주고 있는 것이 아닐까요?

어쨌든 무왕은 41년 동안 재위하면서 대외 정복 사업을 활발하게 전개하여 왕권을 강화하고 백제를 중흥시키는 데 성공했어요. 그는 신라의 서쪽 변방을 자주 침공하여 백제를 낙동강 방면으로 진출시켰고, 그 성과를 바탕으로 자신의 지지기반을 강화했답니다. 그로 인해 궁지에 몰리게 된

익산 쌍릉은 서동과 선화 공주의 무덤
최근 마한백제문화연구소는 전북 익산시 석왕동에 있는 '익산 쌍릉(사적 제87호)'이 무왕과 그의 부인 선화 공주의 무덤인 것으로 결론지었다. 쌍릉 가운데 대왕묘의 묘실은 길이 3.8m, 너비 1.78m, 높이 2.27m이며, 지금까지 발견된 고분 가운데 가장 큰 것으로, 규모면에서 왕릉인 부여의 능산리 고분보다도 오히려 품격이 높은 것으로 밝혀졌다.

신라는 당나라와 손을 잡을 수밖에 없었지요.

잦은 정복 전쟁의 승리로 인해 국내의 정치적 안정을 이룬 무왕은 외교에서도 능력을 발휘했어요. 그는 동아시아의 두 강대국이었던 수나라와 고구려가 다툴 때 어느 한쪽에 기울지 않고, 중간에서 어부지리를 취하는 방법을 택했지요.

즉위 31년인 630년에는 왕실의 권위를 과시하기 위해 사비궁을 고쳐 짓고, 634년에는 왕궁의 남쪽에 인공호수와 중국의 방장선산을 본뜬 가산을 만들었어요. 또 웅장하고 화려한 왕흥사를 완공시켰지요. 이 왕흥사는 600년에 법왕이 착공한 이래 30여년 만에 완성되었는데, 왕이 친히 불공을 드리던 백제의 대표 사찰이었어요.

이렇듯 대규모 토목 공사를 벌일 수 있었던 것은 귀족들의 세력을 누르고 왕권이 안정되었다는 것을 증명하지요. 그래서 무왕은 백마강 부근에 있는 대왕포에서 신하들과 함께 흥겨운 춤과 노래를 즐기기도 했답니다.

무왕은 이런 여유를 바탕으로 후반기에 익산 지역으로 천도할 생각을 하게 되었어요. 그래서 익산에 궁성을 짓고, 동양 최대 규모의 미륵사를 지었지요. 결국 그가 세상을 떠나는 바람에 도읍을 옮기지는 못했지만, 이런 시도는 당시 무왕의 권력이 얼마나 강력했는지를 증명해 주고 있어요.

그렇듯 백제의 사비 시대를 활짝 꽃피웠던 무왕은 641년에 세상을 떠났는데, 현재 익산시 석왕동에 있는 쌍릉에 모셔졌습니다.

알면 재미있는 이야기

익산 미륵사지석탑(국보 제11호)

　익산 미륵사지는 전라북도 익산시 금마면 기양리에 있는 절터로, 백제 시대의 사찰로는 최대 규모랍니다. 사적 제150호로 정해져 있지요.

　이 절은 백제의 30대 무왕 때 창건된 것으로 알려져 있는데, 조선 시대에 들어와 폐사된 뒤 현재는 석탑과 당간지주 등 일부 석물만 남아 있어요. 발굴 결과 3개의 금당과 3개의 탑이 각각 나란히 배치되고, 이를 회랑이 구분하는 독특한 가람배치형식을 지닌 것으로 밝혀졌답니다.

　《삼국유사》에 의하면, 무왕이 왕비인 선화 공주와 함께 용화산에 있는 사자사에 불공을 드리러 가는 길에 연못가에서 미륵삼존이 출현하는 것을 보고 선화 공주가 무왕에게 청하여, 사자사 주지인 지명법사의 신통력으로 하룻밤 사이에 연못을 메우고 미륵사를 창건했다고 합니다.

　미륵사지 석탑은 현재 우리나라에 남아 있는 석탑 가운데, 가장 크고 오래되었어요. 그래서 국보 제11호로 지정되었답니다. 이 탑의 특징은 중앙에 십자 모양의 통로가 있고 그 중심에는 단면이 바른 네모꼴의 심주가 있으며, 옥개석이 평판상이고 네 모퉁이가 가볍게 치켜들고 있어 백제 건축 양식의 특징을 보여 주고 있어요.

　일제 시대 때 보수 공사를 하면서 발라 놓은 시멘트 때문에 본래의 아름다운 모양은 많이 사라졌지만, 백제인의 빼어난 솜씨가 담겨 있답니다. 지금은 6층까지 남아 있지만, 비례상으로 보면 9층이었을 것으로 짐작하고 있지요.

　탑이 앉은 자리는 한 변의 길이가 10m가 되는 정사각형이고, 높이는 남아 있는 것만으로도 14.25m에 이르는데, 원래의 크기를 추정하면 상륜부까지 합쳐서 26m가량 되는 거대한 규모였다고 합니다.

　연못을 메우고 돌과 자갈과 흙을 다져 천년이 넘도록 이만한 규모와 이만한 무게의 탑이 서 있을 수 있도록 조성해 낸 백제 사람들의 토목 기술은 참으로 놀라워요. 더구나 이 탑은 재료를 하나하나 따로 만들어서 맞춰 세운 것으로, 바닥의 어느 부분이 조금이라도 어그러지면 곧 균형을 잃고 무너지게 되어 있답니다.

익산 미륵사지석탑

영광과 굴욕을 함께 했던 의자왕

(재위 : 641~660년)

 의자왕은 백제 최후의 왕이에요. 무왕의 맏아들로, 태자 시절부터 효성이 지극하고 형제 간에 우애가 깊어서 '해동증자'란 별명으로 불렸지요. 의자왕은 아들의 이름을 '효'라고 지을 정도로 효도를 중요시했던 왕이었어요.

그가 세상을 떠난 뒤에는 의롭고 자애롭다는 뜻의 의자왕으로 불렸던 것을 봐도 그의 인물됨을 알겠지요?《삼국사기》에서는 의자왕을 '호방하고 결단력이 있었다.'고 표현하고 있기도 합니다.

그럼에도 불구하고 의자왕은 방탕하고 사치스러운 생활로 나라를 망하게 한 나쁜 왕으로 기록되어 있답니다. 그렇지만 그가 나라를 다스렸을 때의 기록과 멸망한 뒤의 이야기를 모아 보면, 진실과 상당한 차이가 있다는 것을 발견하게 되지요.

의자왕은 즉위하자마자, 아버지 무왕의 뜻을 이어받아 왕권을 더욱 강화했어요. 그는 귀족들의 간섭을 막기 위해 내좌평 기미 등 40여 명의 귀족들을 섬으로 추방해 버렸지요. 그리하여 다른 귀족들은 함부로 행동하지 못하고 왕의 눈치를 보게 되었습니다.

한편 외교 관계에도 변화를 취해서 고구려와 친하게 지내기 시작했어요. 그 이유는 당시 고구려에 연개소문이 집권하면서 중국과 마찰을 빚자, 신라가 당나라와 가까운 관계가 되었기 때문이었지요.

고구려와 화친을 맺은 다음, 의자왕은 적극적으로 신라 정벌을 단행했어요. 642년에는 신라의 미후성 등 40여 개 성을 함락시켰고, 윤충 장군에게 군사 1만을 주어 신라의 대야성을 공격하게 하여 함락시킨 후, 김춘추의 사위였던 대야성주 김품석과 그 처자를 죽였습니다.

이어서 고구려군과 연합한 백제군은 지금의 경기도 화성 지방에 있던 신라의 당항성을 공격하여 신라와 당나라의 통로를 차단하려고 했어요. 또 645년에 당나라가 고구려를 공격할 때 신라군이 당나라를 구원하러 간 틈에 신라 서쪽 방면의 7개의 성을 빼앗았어요. 655년에는 고구려, 말갈족과 힘을 합쳐 신라 북쪽의 30개의 성을 빼앗기도 했습니다.

의자왕은 이렇듯 적극적으로 영토를 확장하여 백제를 매우 부유하게 만들었어요. 그렇지만 이로 인해 국력이 크게 강해지자, 656년경에 의자왕은 국사를 돌보지 않고 주색을 가까이 하게 됩니다. 그러자 좌평 성충과 흥수가 의자왕께 간청했어요.

"대왕께서 국정을 외면하시면 장차 백제의 운명이 위태롭습니다."

그러자 이에 노한 의자왕은 성충을 옥에 가두고, 흥수는 멀리 귀양을 보냈어요. 성충은 옥중에서 죽어 가면서도 다음과 같은 유언을 남겼어요.

"신이 보기에 가까운 시일 내에 반드시 전쟁이 일어날 것 같습니다. 무릇 군사를 쓸 때에는 그 지리를 살펴, 상류에 처하여 적세를 늦춰 놓은 연후에야 가히 국운을 보전할 수 있습니다. 만약 적이 쳐들어오면 육로로는

탄현을 넘지 못하게 하고, 수군은 기벌포의 언덕으로 들어오지 못하게 하십시오. 그러면 반드시 이길 수 있습니다."

하지만 의자왕은 성충의 말을 무시해 버렸어요. 이후 조정에서는 감히 의자왕에게 바른 말을 하는 신하가 없어졌답니다.

이때 여러 차례 고구려와 싸워 패했던 당나라는 신라와 연합해 백제를 멸망시킨 다음, 북쪽과 남쪽에서 고구려를 공격해야겠다고 생각했어요. 그래서 660년에 13만 대군을 동원하여 백제 정벌에 나섰던 것입니다. 때를 맞추어 김유신이 이끄는 5만 명의 신라군 역시 백제를 향해 공격을 해 왔어요.

나당 연합군의 침공 소식을 들은 의자왕은 황급히 대책을 논의했지만, 신하들은 의견이 분분할 뿐 좋은 계책이 나오지 않았답니다. 그러자 의자왕은 유배 중인 좌평 흥수에게 급히 사람을 보내 방어의 계책을 물었어요. 그러자 흥수는 이렇게 말했습니다.

"당나라 군사는 무리가 많고 군사들의 기강이 엄한 데다가 신라와 함께 쳐들어오므로 만약 평원에서 싸우면 그 승패를 장담할 수 없습니다. 하지만 우리나라의 중요한 길목인 백강으로 당군이 쳐들어오지 못하게 하고, 신라군이 탄현을 통과하지 못하도록 한 다음 사비성의 문을 굳게 지키다가, 그들의 군량이 다하고 군사들이 피로해진 연후에 반격하면 반드시 적을 격파할 수 있을 것입니다."

이와 같은 흥수의 의견은 예전에 성충이 했던 말과 똑같은 뜻이었어요. 그래서 일부 신하들은 반대했답니다.

"흥수는 오랫동안 귀양살이를 해서 임금을 원망하고 있을 것이니, 좋은 방책을 말해 주지 않았을 것입니다. 그의 말과 달리 당군을 백강으로 끌어들이면 거스르는 물에 배를 부리지 못할 것이요, 신라군이 탄현을 넘게 하면 길이 좁아 군마를 벌려 세울 수 없을 것입니다. 그때에 군사를 내어 몰아치면 우리 안에 들어 있는 닭을 잡는 것과 같고, 그물에서 고기를 주워 내는 것과 같지 않겠습니까?"

그 말에 의자왕이 동의했지만, 또 다른 방책을 내놓은 신하들이 많아서 쉽사리 결론을 내리지 못했어요.

그처럼 백제 조정이 우왕좌왕하는 사이에 소정방이 이끄는 당나라군은 황해를 건너 기벌포에 도달한 다음, 번개처럼 움직여 백강을 통해 사비성으로 진격해 들어왔어요. 때를 맞추어 김유신이 이끄는 신라군 역시 탄현을 넘어 황산벌로 물밀 듯이 쳐들어왔습니다.

예상하지 못했던 나당 연합군의 빠른 공격에 의자왕은 크게 당황했어요. 그래서 급히 계백 장군에게 신라군을 방어하도록 했습니다. 계백 장군

의자왕의 가묘

은 5천 명의 결사대를 이끌고 황산벌로 달려갔어요. 배수진을 친 백제군은 수차례의 전투에서 승리를 거두었지만, 어린 반굴과 관창의 희생을 바탕으로 결연하게 공격하는 신라의 대군에게 전멸당하고 말았답니다.

이윽고 사비성이 나당 연합군에 의해 포위되자, 의자왕은 태자와 함께 웅진성으로 피하고, 왕자 부여태가 성에 남아 격렬하게 저항했지만 결국 항복하고 말았어요. 그 소식을 들은 의자왕은 나라의 운명이 다한 것을 알고 사비성으로 돌아와 소정방 앞에 무릎을 꿇고 말았습니다. 백제가 시조 온조로부터 31왕 678년 만에 멸망하는 순간이었지요.

소정방은 백제를 멸망시킨 후 함께 싸웠던 신라까지 집어삼키려 했어요. 그런 음모를 알아챈 김유신은 신라군을 백제군으로 위장하여 당나라군과 맞서게 하려는 계획을 세웠어요. 이처럼 신라가 단호하게 나오자 소정방은 생각을 바꾸어 유인원에게 사비성을 지키게 한 다음, 의자왕을 비롯한 백제의 포로들을 데리고 당나라로 떠났습니다.

그렇게 끌려간 의자왕은 당나라에 들어간 지 며칠 만에 숨을 거두었어요. 당 고종은 그를 오나라의 왕 손호의 무덤 곁에 묻어 주었답니다.

알면 재미있는 이야기

의자왕은 진짜로 3천 명의 궁녀를 거느렸나요?

이 의문에는 몇 가지 간단한 계산을 해 보면 해답이 나온답니다. 우선 백제의 인구를 계산해 보도록 할까요? 중국의 역사책 《주서》에 의하면, 백제의 수도인 사비성의 인구는 1만 호라고 나와 있어요. 그러므로 1호당 5명씩 친다 해도 사비성에는 5만 명 정도의 인구가 있었던 것이지요. 그중 반인 2만 5천 명이 여성이고, 그 가운데 어린이와 노약자를 빼면 젊은 여성은 1만 5천 명 정도로 계산할 수 있어요. 그런데 그 가운데 3천 명이나 궁녀가 될 수 있었을까요?

두 번째는 식량을 계산해 보도록 해요. 성인의 한 끼 식사량이 250~350g이라고 한다면, 3천 명이 하루에 필요한 양은 약 900kg이 됩니다. 쌀 한 가마가 약 50kg 정도이니, 3천 명의 궁녀가 한 달에 소비할 수 있는 양은 약 500가마가 넘겠지요? 이런 엄청난 양의 쌀을 궁궐 안에서 해결할 수 있었을까요?

이런 의문이 사실이라 해도 오늘 날 밝혀진 사비성의

낙화암
백마강에서 백제 의자왕의 3천 궁녀들이 몸을 서로 끌어 안고 강물에 던졌다는 백제 부소산성의 기슭의 바위이다. 원래 이름은 타사암이었는데, 후대 사람들에 의하여 '꽃들이 떨어진 바위'라는 뜻의 낙화암으로 불려졌다.

왕궁 안에는 3천 명이라는 궁녀를 수용할 만한 시설이 없었다고 해요. 예를 들어, 19세기 후반이었던 조선 시대 고종 때에도 경복궁 안에 살았던 궁녀는 6백여 명 정도에 불과했어요. 하물며 7세기 중엽의 백제 의자왕 때의 농업 생산량이나 왕실의 규모로 따져 보아도 3천 명의 궁녀란 허황된 숫자일 뿐입니다. 이로 미루어 볼 때 실로 3천 궁녀의 이야기는 백제 최후의 임금 의자왕을 깎아 내리기 위한 역사의 거짓말일 가능성이 매우 높습니다.

부여의 부소산성

부소산성은 부여군 부여읍 쌍북리 인근에 위치한 백제 사비 도성의 중심 산성으로 면적이 746,202㎡, 성의 둘레가 2,200m에 이릅니다. 현재 사적 제5호로 지정되어 있어요. 부소산성을 반월성, 사비성, 소부리성 등으로 부르기도 하는데, 백제 당시 이 성의 정확한 명칭은 알 수 없답니다.

성은 높이 106m의 부소산의 정상을 중심으로 이중으로 쌓았는데, 남문과 동문, 서문에 각각 성의 역사를 기록한 문지가 남아 있어요. 그리고 성 안에는 당시 군량미를 저장하던 군창터에서 탄화된 곡식이 발견되었고, 근처에 사비루, 반월루, 고란사, 궁녀사, 삼충사, 낙화암 등이 있습니다.

부소산성
123년간 백제의 서울이었던 사비성을 지탱하였던 왕성이다. 부소산을 휘감아 흐르는 백마강은 지금의 금강을 말한다.

알면 재미있는 이야기

● **금동보살삼존상(국보 제134호)**
경기도 용인의 호암미술관에 있는 이 금동보살삼존상은 높이 8.8cm, 대좌지름 2.8cm, 본존상 높이 4.3cm로, 연꽃무늬를 새긴 둥근 대좌 위에 광배와 함께 주조된 보물이에요. 본존인 보살의 머리에는 3개의 둥근판이 장식되었으며, 왼손은 여원인을, 오른손은 시무외인을 했어요. 옷은 복부에서 X자로 교차하여 다시 몸 양측면을 따라 길게 뻗어 삼국 시대 불상의 전형적 양식을 보이고 있어요.
광배 양끝에는 삭발한 비구가 합장한 모습으로 1구씩 있으며, 그 주변에 불꽃무늬가 섬세하게 아로새겨져 있지요. 이 불상은 충남 부여 근처에서 출토되었는데, 현재 광배에 금이 가고 보살의 얼굴은 녹슬어 손상되었지만 삼존은 모두 있고 금색이 제대로 남아 있으며, 여래입상을 주존으로 삼은 점이 주목되는 부분이라고 합니다.

● **사택지적비**
사택지적비는 1948년, 부여읍 관북리 도로변에서 발견되어 국립부여박물관에 소장되어 있는 비석이에요. 높이 102cm, 너비 38cm, 두께 29cm의 화강암으로 만들어졌는데, 가로 세로로 정간을 구획하여 그 안에 평균 4.5cm 크기의 글자를 새겼어요.
현재 알아볼 수 있는 글자는 앞부분의 56자입니다. 비의 오른쪽 윗부분에 봉황문이 새겨져 있으며 붉은 칠을 한 흔적이 남아 있어요. 글씨는 웅건한 구양순체로서, 문장이나 글씨체가 매우 세련되어 있지요.
비문은 654년(의자왕 14)으로 추정되는 갑인년 정월, 나지성의 사택지적이란 사람이 늙어가는 것을 탄식하여, 불교에 귀의하고 원찰을 건립했다는 내용이에요.
'사택'이란 성씨는 백제의 여덟 개 주요 성씨 중의 하나인 '사씨'를 말하는데, 《일본서기》에도 백제에서 온 사신 '대좌평 지적'이란 기록이 있으므로, 이 비석은 백제의 최고급 귀족이 남긴 중요한 금석문 자료랍니다.

백제는 왜 멸망했을까요?

　의자왕은 재위 20년 동안 10차례나 신라를 공격했는데, 그 가운데 대야성 함락은 백제나 신라에게 커다란 의미가 있었어요. 이 승리로 인해 낙동강 서쪽 지역을 확보하게 된 백제는 신라의 수도인 경주를 공격할 수 있는 위치에 있게 되었어요. 신라로서는 백제군을 코앞에 둔 다급한 상황이 된 것이지요.

　그런 다음 백제는 숨쉴 틈 없이 신라를 몰아쳐, 40여 개의 성을 함락시키며 신라를 압박해 들어갔어요. 이 모든 싸움에는 의자왕이 직접 참가하여 작전을 지휘했습니다. 때문에 왕의 권위 또한 매우 커졌답니다. 이윽고 백제는 낙동강 동쪽으로 신라를 몰아 내고 소백산 너머까지 영역을 넓힌 다음, 백제의 발상지인 한강 유역에까지 눈을 돌릴 수 있게 되었어요.

　이렇듯 백제가 신라에 대한 공격을 멈추지 않을 수 있었던 힘은 의자왕의 국내 정치가 성공을 거두어 강한 국력을 쌓았기 때문이었어요. 그런데 백제는 그토록 가장 강성하던 때에 하릴없이 멸망하고 말았답니다. 대체 무슨 일이 있었던 것일까요?

　앞에서 우리는 백제 왕실의 상징인 백제금동대향로를 본 적이 있어요. 이 향로를 통해 백제 최후의 날을 엿볼 수 있답니다. 향로가 발견된 곳은 부여시 외곽 능산리 고분 근처에 있는 작은 웅덩이였어요. 발견 당시 향로는 웅덩이의 안쪽 나무 판자 위에 놓여 있었고, 그 위에는 잘게 부순 토기 조각으로 덮여 있었어요. 이것은 누군가가 이 향로를 황급히 묻었다고 볼 수 있는 증거랍니다.

　그들은 백제의 보물을 왜 그렇게 황급히 감추어야 했을까요?

　그것은 예상치 못했던 나당 연합군의 빠른 공격 때문이었습니다. 백제를 멸망시키는 데 가장 중요한 세력은 역시 당나라였어요. 백제는 무왕 때부터 당나라에 조공을 보냈고, 의자왕에게도 즉위를 인정하는 문서를 보내 왔던 좋은 관계였어요. 그런데 거듭되는 백제의 공격에 다급해진 신라가 당나라에 모든 것을 걸게 되었지요. 신라는 당의 원조를 얻기 위해 제도와 복식, 연호까지 당나라의 것으로 바꾸었고, 심지어 진덕여왕은 당나라를 찬양하는 시를 지어 바치며 도움을 요청했어요.

　이때 당나라는 숙적 고구려를 멸망시키는 것이 목적이었으므로, 신라의 뜻대로 먼저 백제를 멸망시킨 다음, 남북에서 고구려를 공격하려는 전략을 짜게 되었어요. 그래서 우선 백제에게 신라 공

알면 재미있는 이야기

김춘추

격을 중지하라고 제안했어요. 하지만 의자왕은 그런 제안을 받아들일 수 없었어요. 바야흐로 한강 유역이 눈앞에 있으니 말이에요. 때문에 백제는 과감히 당나라에 등을 돌리고 고구려와 협력하면서 신라 공격의 고삐를 늦추지 않았답니다.

의자왕은 설마 당나라가 고구려를 두고 백제를 치리라곤 상상하지도 못했던 것이지요. 하지만 그 잘못된 판단이 결과적으로 백제를 멸망시키고 말았어요.

당시 당나라는 세계 최강의 군대를 가지고 있었어요. 때문에 백제의 국력으로는 도저히 이겨 낼 수 없었지요. 마침내 항복한 의자왕이 단 아래서 소정방과 김춘추에게 술을 따르자, 울지 않는 사람이 없었다고 합니다. 백제의 멸망은 의자왕이 폭군이여서가 아니라 너무나 큰 나라와 싸웠던 비극적인 결과였던 것이지요.

이때 소정방이 끌고 간 백제의 포로들은 의자왕을 비롯해 왕비 은고, 왕자 13명과 대신들, 그리고 1만 2천여 명의 백성이었어요. 부여에는 유왕산이라는 산이 있는데, 의자왕이 포로로 끌려갈 때 수많은 백성들이 이 산에 올라가 통곡을 했다고 합니다. 의자왕이 폭군이었다면 그렇듯 백성들이 슬퍼했을 리는 없겠지요?

아비지와 황룡사 구층탑

백제 의자왕 5년의 일이었어요. 당나라에서 부처님의 사리를 가지고 신라에 돌아온 자장율사가 선덕여왕에게 말했어요.

"소승이 당나라에 있을 때 천신이 나타나 말씀하시길, 지금 너희 나라에는 여왕이 있어 덕은 있으나 위엄이 없으니 이웃 나라에서 엿보고 있는 것이다. 너는 돌아가 황룡사 법당 앞에 구층탑을 세워라. 그러면 이웃의 아홉 나라가 조공을 바칠 것이요, 왕업도 길이 전하리라 하셨습니다."

선덕여왕은 그 말을 믿고 신하들에게 명하여 황룡사 앞에 구층탑을 세우라고 명했어요. 하지만 신라에는 탑을 세울 장인이 없었으므로 백제에 도움을 청했답니다. 백제는 불교를 숭상하는 나라였으므로 아무런 의심 없이 탑을

황룡사와 황룡사 구층탑 복원 모형

잘 쌓는 사람을 뽑아 보내 주었어요. 그래서 백제 최고의 장인이었던 아비지가 신라에 가게 되었답니다.

아비지가 황룡사 법당 앞에 구층탑의 기초를 세운 첫날 밤, 그는 이상한 꿈을 꾸었어요. 백제의 사비성이 온통 불바다로 변했고, 백성들이 아우성치는 가운데 사랑하는 처자식들이 죽어 가는 꿈이었지요. 그러자 아비지의 마음은 몹시 어지러웠어요. 구층탑이 세워지면 백제가 멸망할지도 모른다는 생각이 들었던 거예요. 이튿날부터 아비지는 몸이 아프다는 핑계를 대고 공사장에 나가지 않았어요. 그렇게 며칠 날을 고민하던 그는 공사를 포기하고 백제로 돌아가기로 마음먹었답니다.

"나로 인해 우리나라가 위험에 처해서는 곤란해."

이윽고 그가 문 밖으로 나가는데, 갑자기 하늘이 캄캄해지며 폭풍이 불더니 번개가 치는 것이었

알면 재미있는 이야기

어요. 아비지가 두려운 마음에 어쩔 줄 모르고 있는데, 문득 절 앞마당에 키가 열 자도 넘는 무섭게 생긴 장수 한 사람과 신선 같이 생긴 늙은 스님이 나타나 탑주 위에 또 하나의 탑주를 세워 놓고는 온데간데없이 사라지는 것이었어요. 그것은 분명 아비지에게 구층탑 공사를 계속하라는 부처님의 계시였지요. 그래서 아비지가 떠나지 않기로 마음을 바꾸자, 기이하게도 천지가 맑아지고 맑은 바람이 불어왔어요.

그로부터 몇 년 후, 황룡사 법당 앞에는 구층탑이 날아갈 듯 서 있었어요. 부처님의 사리를 모시자, 탑은 더욱 신비스러운 분위기를 풍겼답니다. 공사를 마친 날 밤, 아비지는 또 다시 백제가 멸망하는 꿈을 꾸었어요. 그제야 비로소 아비지는 깨닫게 되었어요. 황룡사 구층탑은 백제를 멸망시켜 주겠다는 천신의 약속 조건이었음을 말이에요.

"아아, 내가 큰 잘못을 범했구나."

아비지는 후회했지만 어쩔 수 없는 일이었어요. 예전에 공사를 포기했던 그를 막아섰던 이상한 계시는 사실 자장율사의 법력에 의한 것이었어요. 그는 뜨거운 눈물을 흘리며 자신이 세운 구층탑을 한참 동안 노려보다가 발길을 돌렸어요. 그 후 몇 년 지나지 않아 백제는 멸망하고 말았습니다.

조롱대의 전설

나당 연합군에 의해 7백 년 백제 왕조가 무너지고 부소산 앞을 흐르는 백강에 수많은 당나라의 군선들이 가득 메워졌을 때의 일이에요. 백제의 유민들이 백제 부흥의 깃발을 들고 일치단결하여 당나라에 저항하자, 백강의 주인 용신도 감화되어 당군을 괴롭히기 시작했어요.

당나라의 배들이 부소산 근처에 접근하기만 하면 맑았던 하늘이 갑자기 캄캄해지고, 번개와 함께 돌풍이 몰아쳤으며 잔잔하던 강물이 노도처럼 소용돌이치곤 했어요. 그리하여 순식간에 당나라의 배와 병사들이 고기밥이 되곤 했습니다. 이런 참변이 계속되자, 소정방은 일관에게 까닭을 물었어요. 그러자 일관은 이렇게 대답했어요.

"백마강의 용이 된 무왕이 꾸미는 짓입니다."

"무왕이라니 무슨 말인가?"

"의자왕의 부왕인 무왕은 본래 용의 아들이었습니다. 그가 백제군을 돕는 것입니다."

소정방은 한숨을 내쉬었어요.

"사람으로서 어찌 용을 이길 수 있단 말인가?"

그러자 일관이 말했어요.

"용은 백마의 고기를 좋아하니, 그것을 미끼로 용을 낚으면 틀림없이 성공할 것입니다."

조룡대 고란사 아래 백마강가에 작은 섬처럼 있는 바위이다. 당나라 장군 소정방이 백제를 침공할 때, 강 건너는 것을 방해하던 용을 이 바위에서 낚았다는 전설이 있다.

그 말을 들은 소정방은 강물 위에 솟아난 작은 바위에 올라 튼튼한 철사로 만든 낚시에 백마 한 마리를 끼워 물 속에 던졌어요. 마침 시장했던 용은 그 먹이를 보고 단숨에 삼켜 버렸어요. 그때부터 용과 소정방 사이에 한판 승부가 벌어졌답니다.

소정방이 낚싯대를 당기자 용은 괴로움에 몸부림을 쳤어요. 소정방은 낚싯대를 놓치지 않으려고 안간힘을 썼지요. 그래서 지금도 조룡대에는 깊은 발자국이 패어 있답니다. 한참을 싸우던 소정방이 기력이 다하자, 힘센 부하들이 합세했어요.

마침내 용은 황금 비늘을 공중에 번쩍 빛내며 강 동쪽에 있는 용전 마을의 논두렁에 떨어져 죽고 말았어요. 그러자 마을 사람들은 두려움에 떨며 멀리 도망갔고, 용의 시체는 때마침 여름의 폭염에 썩어 들어가 지독한 냄새를 풍겼어요. 그 냄새는 80리나 떨어진 공주의 한 마을까지 진동했답니다.

그때부터 그 마을 이름은 구린내가 되었고, 소정방이 올라탔던 수중 바위는 조룡대가 되었어요. 또 용이 낚인 백강도 백마강으로 불리게 되었다고 합니다.

황산벌에서 쓰러진 계백 장군

나당 연합군이 사비성을 향해 진격해 오자, 의자왕은 달솔 벼슬에 있던 계백 장군에게 황산벌로 출정하도록 명했어요. 이때 계백 장군은 백제의 최후가 가까워진 것을 알고 가족들에게 이렇게 말했어요.

알면 재미있는 이야기

계백 장군 영정

"오늘 우리가 적의 대군을 맞이하게 되었으니, 나라의 존망을 가늠할 수가 없게 되었다. 내 처자가 적들에게 붙잡혀 욕된 삶을 이어나가는 것은 차라리 내게 죽는 것만 같지 못하다."

이렇듯 굳은 각오로 계백 장군은 처자식을 베어 죽인 다음, 5천 명의 결사대와 함께 황산벌로 나갔어요. 그는 두려워하는 병사들에게 이렇게 외쳤어요.

"옛날 월나라의 구천은 단 5천 명의 군사로서 오나라의 70만 대군을 격파하였다. 오늘 장병들은 분발하여 승리를 취함으로써 나라의 은혜를 갚도록 하자!"

이에 용기백배한 백제군은 5만 명에 이르는 신라군과 맞서 조금도 물러섬이 없었어요. 비장한 각오로 싸우는 백제군 앞에 신라군은 네 번 싸워 네 번 다 패배하고 사기가 크게 떨어졌어요.

그러자 신라의 장군인 흠순이 아들 반굴을 불러 말했어요.

"신하의 도리는 충성을 다 하는 것 만한 것이 없고, 자식의 도리는 효성스런 일을 함과 같은 것이 없는데, 이런 위급함을 보고 목숨을 내던지면 충과 효, 둘 다를 이루는 것이다."

그러자 반굴은 그 뜻을 알아채고 백제 진영으로 뛰어들어가, 용감히 싸우다가 목숨을 잃었어요. 그 뒤를 이어, 품일 장군의 아들 관창 또한 백제 진영으로 달려들었다가 포로가 되었답니다. 계백 장군은 관창이 어린 소년임을 알고 살려 보냈어요. 그렇지만 관창은 다시 백제 진영으로 뛰어들어가 싸우다 목숨을 잃고 말았어요.

이와 같은 소년 장수들의 비장한 죽음에 감격한 신라군은 있는 힘을 다해 백제군을 공격했어요. 그에 맞서 계백 장군의 결사대는 장렬히 싸웠지만 중과부적으로 패하고 말았습니다. 이 싸움에서 계백 장군은 전사했고, 좌평 충상과 상영 등 20여 명의 장수들이 포로가 되었습니다.

이 황산벌 전투가 얼마나 치열했는지에 대해 다음과 같은 뒷이야기가 전해져 오고 있어요. 사비성을 포위하고 있던 소정방은 자신의 군대와 합류하기로 한 신라군이 늦게 왔다는 트집을 잡아 신라 장군 김문영의 목을 베려했어요. 그러자 김유신 장군은 크게 화를 내면서 이렇게 소리쳤다고 해요.

황산벌에서 신라군과 싸우는 계백 장군과 백제군

"대장군이 황산벌 싸움을 보지 못하고 단지 날짜를 어겼다는 이유로 벌을 내리려 한다면, 우리 신라군은 먼저 당군과 싸워 물리친 다음에 백제를 격파하겠소."

그러자 소정방은 아무 대답도 하지 못했다고 합니다. 황산벌 전투의 패배로 인해 백제는 더 이상 나당 연합군을 막아 내지 못하고, 사비성이 함락되는 비운을 맞이하게 되었지요.

고란사의 약수

옛날 백제의 소부리에 있는 작은 마을에 늙은 부부가 살고 있었어요. 이 부부는 젊었을 때부터 금슬이 좋았지만 늙도록 자식이 없어 쓸쓸했답니다. 그러던 어느 날, 할머니는 집에 찾아온 스님에게 신기한 이야기를 들었어요. 스님은 할머니에게 부소산에 가면 고란초가 자라나는 바위틈에서 약수가 흐르는데, 그 물을 마시면 아기를 가질

고란사

수 있다며 장소를 알려 주었어요. 그 약수를 한 모금 마실 때마다 삼 년이 젊어진다는 것이었어요.

할머니는 기뻐하며 이튿날 새벽에, 남편의 등을 떠밀어 스님이 알려 준 곳으로 가서 약수를 떠

알면 재미있는 이야기

알면 재미있는 이야기

고란사 약수
백제의 왕이 고란초 잎을 띄워 마시던 샘물이다. 백제의 비운의 역사를 간직하고 흐르는 백마강 물결에는 3천 궁녀가 백마강으로 몸을 던졌다는 낙화암의 전설이 전해 내려온다.

오게 했어요. 그런데 점심이 지나 저녁이 되도록 남편이 돌아오지 않는 것이었어요. 심상찮게 생각한 할머니가 그 장소로 달려가 보고는 깜짝 놀랐어요.

"응애, 응애!"

그 곳에는 남편은 온데간데없고 웬 갓난아이가 누워 울고 있었어요. 그런데 자세히 살펴보니, 아기가 입은 옷이 바로 남편의 옷이었어요. 순간 할머니는 자신의 실수를 깨달았답니다. 할머니는 아기를 번쩍 들어올리더니, 엉덩이를 찰싹 때리며 소리쳤어요.

"이 욕심쟁이 할아범 같으니라고. 약수를 대체 몇 모금이나 마셨단 말이오?"

하지만 아기가 된 남편은 그저 울음만 터트릴 뿐이었지요. 어쨌든 스님의 말대로 아이를 갖고 싶었던 할머니의 소원은 이루어진 것이었어요. 할머니는 아기를 안고 돌아와 정성스럽게 길렀어요. 그래서 다시 어른이 된 할아버지는 나라에 큰 공을 세워 좌평 벼슬에까지 올랐다고 합니다.

백제의 의자왕은 평소 이 약수를 즐겨 마셨는데, 반드시 고란초 한 잎을 띄워 진짜 약수란 걸 확인했다고 합니다. 훗날 고려 시대에 약수가 흐르는 자리 곁에 고란사가 세워져 지금까지도 백제의 영광과 좌절을 되새기고 있답니다.

맹렬했던 백제 부흥 운동의 시작과 끝

"이대로 우리 백제의 역사를 끝낼 수는 없어."
"그렇고 말고. 우리 백제가 어떻게 세워진 나라인데……."

사비성이 함락되고 의자왕이 당나라로 끌려간 뒤, 지금의 충남 예산에 있던 임존성과 전북 부안에 있던 주류성에 모인 백제인들은 새롭게 전의를 불태웠어요.

그들 가운데는 흑치상지와 복신, 도침 등이 있었어요. 흑치상지는 백제의 서부 사람으로 키가 7척이 넘고 성품이 곧으며 지략이 뛰어난 장수였어요. 또 복신은 무왕의 조카로서, 당나라에 사신으로 다녀온 적이 있던 인물이었어요. 도침은 승려로서 스스로 영거 장군이라고 칭하고, 백제 부흥에 전력을 다했지요.

이들은 사비성 전투에서 살아남은 장수 10여 명과 함께 임존성에 들어가 백제 부흥의 깃발을 높이 올렸어요. 그러자 순식간에 3만여 명의 백성들이 모여들어 백제 부흥군의 일원이 되었지요. 기세가 오른 부흥군은 순식간에 충남북 일대 2백여 개의 성을 되찾았어요.

공산성 백제 시대의 웅진성으로서 660년, 나당 연합군에게 사비성이 함락되었을 때 마지막 임금인 의자왕이 피신했던 곳이며, 663년까지 벌어진 백제 부흥 운동 때에도 이 곳에서 전투가 있었다.

용기백배한 복신은 왜국에 사신을 보내 무왕 때 볼모로 가 있던 왕자 부여풍을 귀국시켜 달라고 부탁한 다음, 당나라 장수 유인원이 지키고 있던 사비성을 공격했어요. 이 소식을 들은 당나라는 급히 장수 유인궤를 보내 유인원을 구원하게 한 다음, 좌위중랑장 왕문도를 웅진도독으로 임명하여 신라의 태종무열왕과 함께 백제 부흥군을 물리치게 했답니다.

이때 사비성 남쪽에 2개의 진지를 세우고 포위망을 굳게 다지고 있던 백제 부흥군은 백마강 입구로부터 공격해 들어온 나당 연합군의 맹렬한 공격을 견디지 못하고 임존성으로 퇴각하고 말았어요. 이때 신라군 역시 군량미가 떨어져 퇴각할 수밖에 없었지요. 간신히 사비성에 들어간 유인궤는 백제 부흥군의 기세가 만만치 않음을 알고, 당 고종에게 사신을 보내 지원 병력을 요청했어요.

"황제 폐하, 이대로 적의 공격을 기다리다가는 반드시 패하여 백제 땅을 잃게 될 것입니다. 부디 신라로 하여금 원병을 보내도록 독촉해 주십시오."

그러자 당 고종은 태종무열왕에게 밀지를 보내 신라군의 참전을 강요했어요. 태종무열왕은 하는 수 없이 김유신의 동생 김흠에게 군대를 주어 백제 부흥군을 공격하게 했습니다. 그렇지만 김흠은 고부 근처에서 복신의 기습 공격을 받고 퇴각하고 말았어요.

662년, 왜국에서 왕자 부여풍이 군함 170척과 많은 병사들과 함께 백제로 돌아왔어요. 그는 지금의 동진강 하구에 상륙한 다음, 근처에 있던 주류성으로 들어가 백제왕으로 왕위에 올랐습니다.

알면 재미있는 이야기

새로운 왕을 세운 백제 부흥군은 용기백배하여 신라와 당나라군의 보급로를 차단하고 맹공격을 가했답니다. 바야흐로 멸망당했던 백제가 되살아날 기미가 보였어요.

그런데 안타깝게도 백제 부흥군 내부에서 분열이 일어났어요. 부흥군 내의 주도권을 둘러싸고 경쟁하던 복신이 도침을 살해하는 사건이 일어났던 것입니다. 그리하여 부흥군의 전열이 흐트러지자, 당나라의 거센 반격이 시작되었어요. 복신군에 의해 포위되어 있던 사비성 동쪽을 무너뜨린 당군은 신라군과 합세하여 맹공격을 가해 왔어요.

어쩔 수 없이 후퇴한 복신의 부흥군은 신라의 당나라 보급로인 진현성을 지키다가 패하여 주류성까지 밀려갔어요. 하지만 계속되는 나당 연합군의 압박에 의해 풍왕과 복신은 지금의 김제 부근인 피성으로 자리를 옮겼어요. 이때 복신은 백제 부흥군의 실질적인 지도자로서 행세해 풍왕을 자극했어요.

"백제 부흥 운동은 내가 시작했으니 내 말에 따르지 않으면 곤란하지."

"무슨 소리, 엄연히 백제의 왕은 나야. 아무리 왕족이라도 왕의 말에 복종하는 게 옳아."

백제 부흥군의 주도권을 놓고 그렇듯 투쟁을 벌이던 끝에 복신은 병을 핑계 삼아 자리에 누웠어요. 만일 풍왕이 문병을 오면 자객을 시켜 죽이려 했던 것이지요. 이런 계략을 알아챈 풍왕은 먼저 자객을 동원해 복신을 암살해 버린 다음, 주류성으로 거점을 옮겼어요.

이런 백제 부흥군의 갈등을 예의주시하던 당나라는 백제 부흥군을 완전히 전멸시킬 계획으로 의자왕의 셋째 아들인 부여융과 장수 손인사에게 지원군 7천 명을 주어 백제로 보냈어요. 그러자 풍왕은 일본에 구원병을 요청했어요. 오랜 상국이었던 백제의 위기를 보고 외면할 수 없었던 일본의 제명천황은 1천 척의 배와 1만 명의 군대를 백제로 급히 보냈답니다.

드디어 663년 9월, 백강에서는 백제와 일본의 연합군과 나당 연합군의 운명을 건 전쟁이 시작되었어요. 이 백강 전투야말로 백제 땅의 주인을 놓고 자웅을 겨룬 최후의 일전이었지요. 하지만 오랜 항해로 지친 왜군은, 주도면밀한 대비를 한 다음 기다리던 나당 연합군의 적수가 되지 못했어요.

첫 싸움에서부터 일본의 수군은 당나라 수군과 신라군의 연합 공격으로 인해 전함 4백 척이 불타는 참패를 당했어요. 그렇게 네 차례나 싸웠지만 네 차례 모두 완패한 끝에, 백제와 일본 연합군은 전멸하다시피 했습니다. 사태가 그른 것을 알아챈 부여풍은 고구려로 도망쳤고, 그로부터 10여 일 뒤 나당 연합군에 의해 주류성이 함락되었어요.

그때까지 임존성에서 굳게 버티고 있던 흑치상지는 배신자 사타상여가 이끌고 온 당군의 공격을 당해 내지 못하고 항복할 수밖에 없었어요. 그 후 흑치상지는 당나라 장군이 되어 토번과 돌궐 등 북방민족의 나라들을 정벌하면서 명성을 날리다가, 반역죄를 뒤집어쓰고 죽임을 당해 북망산에 묻히게 되지요.

임존성이 함락당한 후, 백제의 유민들은 실낱 같은 희망마저 버린 채 뿔뿔이 흩어져 갔어요. 비로소 가슴을 쓸어 내린 당나라 칙사 유인원은 신라의 태종무열왕과 웅진도독 부여융을 불러, 웅진 취리산에서 백마를 잡아 화친의 맹약을 시킨 다음 당나라로 돌아갔어요. 그의 뒤를 따라 부여융도 당나라로 건너감으로써 백제의 부흥 노력은 완전히 끝나고 말았답니다.

백제 부흥군 최후 항전지, 임존성과 주류성

사적 제90호로 지정되어 있는 임존성은 예산군 대흥면과 광시면, 금마면 등 3개 면의 경계를 이루고 있는 봉수산의 정상 부근에 돌로 쌓은 성이에요. 백제 부흥 운동의 거점이었던 이 곳은 성의 둘레가 약 2.5km에 달하는 백제 시대 최대의 산성이지요.

성의 꼭대기에는 평지가 있어 건물이 있었을 것으로 여겨지고, 남쪽 벽에도 넓은

대흥 임존성의 현재 모습
예산군 대흥면과 광시면, 금마면 등 3개면의 경계를 이루고 있는 봉수산의 정상부에 구축된 석축성. 이 성은 백제의 주요 성 가운데 하나이며, 백제 멸망 후 일어났던 부흥 운동의 거점이 된 곳으로 전해지고 있다. 《대동지지》 대흥성지조에 "임존성재봉수산주오천구십사척정삼백…"이라는 기사가 남아 있으며, 성의 둘레가 약2.5km에 달하는 백제 시대 최대 규모의 산성이라 할 수 있다.

알면 재미있는 이야기

주류성으로 추정되는 전북 부안군 상서면의 위금암산성

평지가 있는데, 수많은 토기 조각과 기와 조각이 널려 있답니다. 성의 서북쪽으로는 폭 6m의 북문지가 남아 있는데, 이 문을 통과하면 대흥면 소재지에 닿을 수 있습니다.

성이 있는 봉수산은 산세가 매우 험하고 예당 저수지, 삽교 평야, 예당 평야가 한눈에 내려다보이는 천혜의 지형으로 공격하기 매우 어려운 산세를 가지고 있어요.

한편 주류성의 정확한 위치에 대해서는 여러 가지 설이 분분한데, 충남 서천군 한산이라는 설과 충남 청양군 정산이라는 설, 또 전북 부안군 상서면의 위금암산성이라는 설이 있습니다.

백제 최후의 영웅, 흑치상지

660년, 나당 연합군에 의해 백제가 멸망한 뒤 663년에 백제 부흥을 위한 최후의 일전이었던 백강 전투에서 왜군의 수군은 나당 연합군에게 대파당하고, 이어진 주류성과 임존성 싸움에서 흑치상지가 이끄는 백제 부흥군 역시 참패하고 말았어요. 그 결과 백제는 역사의 저편으로 사라지게 되었지요.

그로부터 오랜 세월이 흐른 뒤 1929년, 중국의 낙양에 있는 북망산에서 한 백제인의 묘가 도굴꾼들에 의해 파헤쳐졌어요. 그 안에서 한 사람의 묘지석이 나오자, 도굴꾼들은 가치를 알아보지 못하고 내팽개쳐 버렸어요. 현재 중국의 고궁박물관에 잘 보관되어 있는 그 묘지석의 주인은 놀랍게도 백제 부흥군의 주역이었던 흑치상지의 것이었어요.

묘지석에 따르면 그의 조상은 백제 왕족인 부여씨였으나 흑치 땅에 봉해짐으로써 이를 성으로 삼게 되었다고 해요. 일부 학자들은 흑치 땅이란 지금의 동남아시아 지역을 칭하는 것이라 하여 백제 담로의 영역을 매우 넓게 보는 계기가 되었답니다.

흑치상지는 무왕 31년인 630년에 백제 서부에서 태어났는데, 키가 7척, 곧 196cm에 달하는 거구로 장부의 기상과 지략이 뛰어났고, 학문이 깊은 인물이었어요. 그는 또 상으로 받은 물건은 부하들에게 모두 나누어 주었던 군자였다고 합니다.

그는 660년 7월에 의자왕이 항복한 다음, 당군이 평화로운 철수를 조건으로 귀순을 유도하자, 많은 귀족들을 따라 항복했어요. 하지만 당군이 약속을 지키지 않고 백성들을 약탈하자, 한 달 만에 임존성으로 탈출하여 백제 부흥 운동을 시작했답니다. 그러자 10여 일 만에 백성 3만이 합세했고, 한 달 사이에 사비성을 제외한 2백여 성이 호응했어요.

> **흑치상지**
>
> 남양군도 부남(캄보디아), 탑등(북인도), 곤륜, 양자강연안 등에는 음식을 먹으면 이가 검어지는 지역이 있다고 합니다. 《중국장수전전》이라는 책에 의하면, 중국인들은 백제의 흑치상지(?~689)에 대하여 아래와 같이 기술하고 있습니다.
> "흑치상지는 당고종 이치이며, 측천무후 때 명장이다. 그는 백제(지금 광동성 흠현 서북) 서부인이다."

이에 경각심을 품게 된 소정방은 의자왕과 귀족들을 이끌고 당나라로 가 버렸어요. 흑치상지는 뛰어난 전략으로 당군을 괴롭히며 조직적으로 활동했지만 부흥군 내부에서 복신이 도침을 죽이고, 풍왕이 복신을 죽이는 등 분열이 일어나자, 부흥 운동에 심한 회의를 품게 되었어요. 그런 와중에 부여융이 항복을 권하자, 흑치상지는 순순히 백기를 들고 말았답니다.

이윽고 당나라에 들어간 흑치상지는 664년, 웅진도독부의 웅진성주로 잠시 백제에 되돌아왔다가 672년, 신라군의 공격으로 웅진도독부가 와해되자 다시 당나라로 돌아갔어요. 얼마 후 양주자사로 임명된 흑치상지는 지금의 티베트인 토번 정벌 전쟁에 동원되었어요. 이때 당군은 용맹스런 토번군의 공격을 견디지 못했지만 오직 흑치상지만이 토번군을 물리쳤고, 이어진 싸움에서도 연전연승하여 당나라 조정의 신임을 받았어요.

이후 흑치상지는 돌궐을 제압하고 서경업의 난을 진압하는 등 당나라가 중앙아시아 지역을 지배하는 데 많은 공을 세웠습니다. 그리하여 그는 연국공이라는 작위와 함께 식읍 3천호를 받게 되었지요.

그렇지만 그의 영광은 오래가지 않았어요. 687년, 돌궐 정벌 전쟁에 출전한 흑치상지는 동료 장수인 찬보벽의 패전 책임을 뒤집어썼어요. 엎친 데 덮친 격으로 간신 주흥이 조회절이란 역신의 반

알면 재미있는 이야기

란 사건에 흑치상지가 가담했다고 모함했어요. 그로 인해 누명을 쓰고 고문까지 당한 흑치상지는 어찌나 분했던지 689년, 옥중에서 스스로 목숨을 끊어 60세의 파란만장한 삶을 마쳤어요.

9년 뒤, 그의 장남 흑치준은 아버지의 억울함을 풀어 달라고 당나라 조정에 탄원했어요. 그러자 측천무후는 흑치상지의 공을 인정해 왕족이나 귀족들만이 묻히는 북망산으로 묘지를 옮기도록 명했답니다. 그의 묘지명에는 이렇게 적혀 있어요.

"흑치상지는 어려서부터 지체 있는 집안에서 교육 받았고, 군사 일을 많이 경험하였다. 장수로서 군대의 일을 총괄하여 수많은 공을 세웠다. 옛날에 뜬소문으로 인해 옥에 갇혔을 때 분한 마음으로 목숨을 바쳤으나 의심스런 죄가 분간이 되지 않았다. 근래에 조사해 보니 죄가 없어 민망하거니와 마땅히 죽은 이의 원통함을 풀어 주어 혼백이라도 위로해 주어야겠다. 그리하여 벼슬을 좌옥금위대장군에 봉하고 애도하노라."

백제 부흥군을 기리는 은산 별신제

오랜 옛날 부여군 은산 지방에 갑자기 전염병이 돌기 시작하여 많은 사람이 죽어 갔어요. 이 곳은 백제의 마지막 도읍지인 사비성과 백제 부흥군이 버티고 있던 임존성의 중간 지점이었지요.

날이 갈수록 전염병은 점점 심해져 사람들이 계속 쓰러져 갔지만 뾰족한 대책이 없어 사람들이 몹시 고통스러워했어요. 그러던 어느 날 이 고을에 사는 노인의 꿈속에 번쩍이는 갑옷과 투구를 쓴 장군이 백마를 타고 나타났어요. 그는 노인에게 이렇게 말했습니다.

"나는 백제의 장수인데, 이 곳은 내 부하들과 함께 조국을 지키기 위해 싸우다가 죽은 곳이다. 너희들이 백제 장병들의 유골을 찾아 양지 바른 곳에 묻고, 3년에 한 번씩 제사를 지내 준다면 그 보답으로 전염병을 물리쳐 주겠다."

그러면서 장수는 부하들이 죽은 장소를 알려 주었어요. 잠에서 깨어난 노인은 보통 꿈이 아니라고 생각하고 마을 사람들과 함께 그 장수가 알려 준 곳을 찾아가 보았어요. 그랬더니 과연 그 곳에는 수많은 유골들이 널려 있는 것이었어요. 노인은 사람들과 함께 그 유골들을 모은 다음 잘 씻어,

양지바른 곳에 묻고 제사를 지내 주었어요. 그러자 신기하게도 그토록 지독하던 전염병이 깨끗이 사라져 버렸답니다.

　이후 마을 사람들은 산제당 동서 벽에 백제 부흥군의 장수인 복신과 도침의 영정을 걸어 놓고, 음력 정월 산신제를 지낼 때 위령제를 지내 주었어요. 이렇게 전해 내려온 은산 별신제는 1965년부터 국가중요무형문화재 제9호로 지정되어 매년 음력 윤 2월에 제사를 지내다가, 지금은 격년제로 지내고 있답니다.

　본래 별신제란, 전국 각지에서 전통적으로 전해 내려오는 토속신에 대한 제사를 말하지만, 은산 별신제는 이러한 토속신앙 외에, 그 옛날 덧없이 스러져간 백제 부흥군을 위로하기 위한 장군제적 성격을 가진 점이 특이하답니다.

은산 별신제의 재현

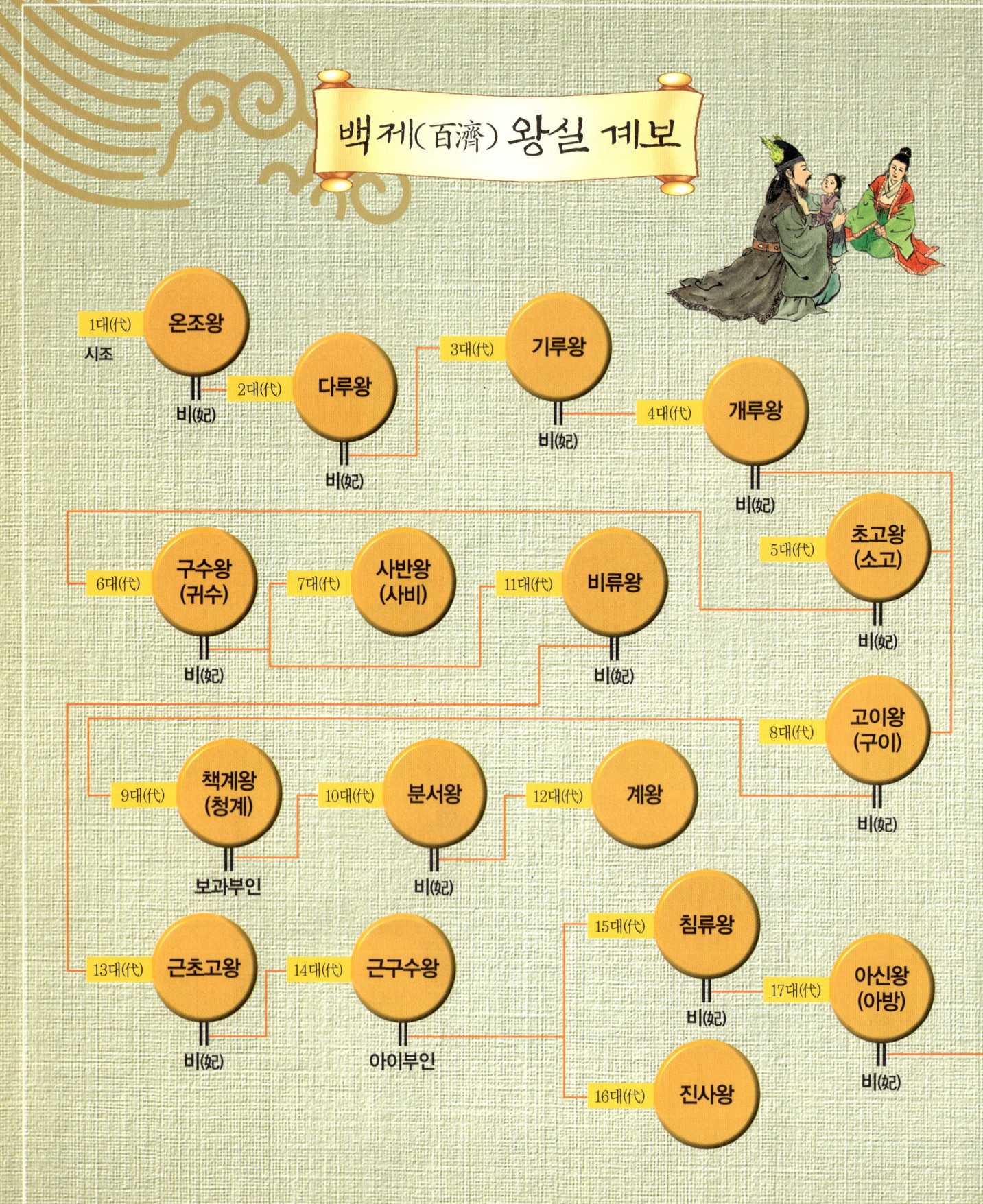

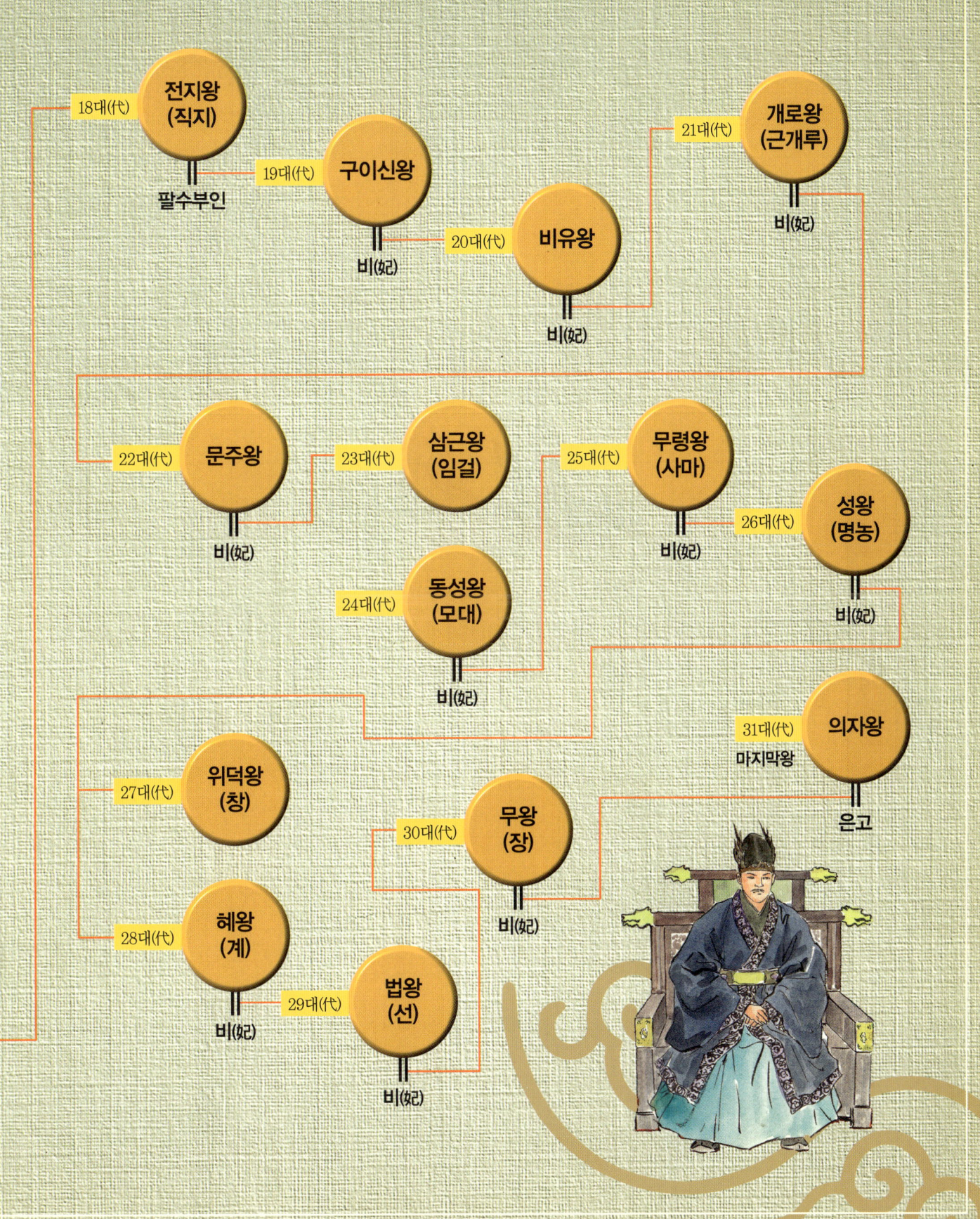

시대와 지역을 초월해서 아름답게 반짝이는
백제인들의 뛰어난 예술혼은
어린이 여러분의 가슴에 영원히 살아 있을 거예요.